W0206869

Sabine Falk

# Überzeugend sein

## Rhetorik für ErzieherInnen

HERDER

FREIBURG · BASEL · WIEN

Gedruckt auf umweltfreundlichem,
chlorfrei gebleichtem Papier

Umschlaggestaltung und Konzeption:
R·M·E Roland Eschlbeck / Rosemarie Kreuzer
Umschlagfoto: Albert Josef Schmidt, Freiburg
Illustrationen: Brigitte Seibold, Aschaffenburg

www.herder.de
Satz: Barbara Herrmann, Freiburg
Druck und Bindung: fgb · freiburger graphische betriebe 2002
www.fgb.de
ISBN 3-451-27839-1

# Inhalt

# Vorwort

Die Sprache ist unser wichtigstes Kommunikationsmedium, und wir haben viele Möglichkeiten, wie wir mit ihr umgehen. Wir können mit Worthülsen und Sprechblasen vor uns hin plappern und so ein unentwegtes Rauschen produzieren, eine Art kommunikativer Notdienst. Wir können unsere Fähigkeit zu sprechen aber auch nutzen, um mit anderen Menschen in einen echten Kontakt zu treten und uns im wahrsten Sinne des Wortes mitzuteilen. Dabei zeigen wir uns mit unseren Gedanken und Gefühlen, erfahren Bestätigung, Zustimmung und konstruktive Kritik. Konflikte lassen uns wachsen. Wir finden MitstreiterInnen für unsere Ideen, Projekte und Visionen. Diese Form des menschlichen Austauschs verschafft tiefe Befriedigung.

Gleichzeitig kann der direkte Kontakt und das Sich-Zeigen aber auch Angst machen. Manche Menschen sind unsicher, haben Zweifel an der Berechtigung ihrer Meinung, verlieren das Vertrauen in ihr Wissen und ihre Erfahrungen und befürchten Missachtung und Bewertung. Andere sind geplagt von der Vorstellung, dass es ihnen nicht gelingt über ihre Sprache die gewünschte Anziehung und den Gleichklang mit anderen herzustellen. Wenn sich diese Erfahrungen häufen, verfestigt sich das Gefühl, nicht anerkannt, unbedeutend und unwichtig zu sein. Reaktionen darauf sind trotzige Selbstbehauptung oder ängstliches Verstummen, vor allem aber der Verlust der ursprünglichen Freude am sprachlichen Austausch mit den Menschen, mit denen wir zusammen arbeiten und leben.

Ein fundiertes Wissen darüber, wie Kommunikation funktioniert, was sie erschwert und wie sie besser gelingen kann, ist aus diesen Gründen ein sehr hilfreiches Mittel zur Alltagsbewältigung. Für Menschen, die wie ErzieherInnen in Kommunikationsberufen arbeiten, ist sie eine zentrale berufliche Kompetenzanforderung. Kommunikation – sei es mit Kindern, Eltern oder dem Träger – ist ein grundlegender Baustein in der Arbeit von Erziehern und Erzieherinnen. In der Ausbildung wird wohl kommunikative Kompetenz vermittelt, jedoch in erster Linie in Bezug auf den Umgang mit Kindern und nur ganz selten in Bezug auf Erwachsene. Genau in diesem Bereich steigen jedoch die Anforderungen.

Erzieher und Erzieherinnen stehen zunehmend im Spannungsfeld zwischen ihrem individuellen Tun, der geforderten Teamorientierung, den Ansprüchen der Eltern sowie der Institution, für die sie arbeiten. Hinzu kommen potenzielle Geldgeber und die wachsende Konkurrenz zu anderen Einrichtungen. Es wird also immer wichtiger, für die eigenen Interessen, Ideen und Visionen gerade zu stehen, zu motivieren, zu klären und zu verhandeln. Das berufliche Engagement weitet sich – gewollt oder nicht – immer mehr auf kommunikatives Geschick und erfolgreiche Überzeugungsarbeit aus. Um auch diesen Teil ihres Arbeitsalltags effektiv und im Sinne aller Beteiligten meistern zu können, bedarf es einer kommunikativen Kompetenz, die in die Tiefe geht. Diese Kompetenz will dieses Buch vermitteln.

Ziel ist die Optimierung der kommunikativen Fähigkeiten, sei es in Bezug auf die Darstellung der eigenen Position, die Durchsetzung von Interessen, die Gesprächsführung in schwierigen Situationen oder die Fähigkeit, andere zu begeistern und zu motivieren. Selbstbewusstes Auftreten gegenüber unterschiedlichsten GesprächspartnerInnen wird unterstützt. Das Buch ist eine praktische Anleitung für eine erfolgreiche Kommunikation, die Freude macht und zu mehr Zufriedenheit führt. Im Vordergrund steht eine innere Haltung, die auf menschlichem Miteinander gründet, ohne Zielorientierung und Effektivität zu vernachlässigen.

Ausgangspunkt des Buches sind Gesprächssituationen, wie sie ErzieherInnen Tag für Tag in unterschiedlichster Formen begegnen: das Klärungsgespräch unter vier Augen mit einer Kollegin, verschiedenste Diskussionsrunden oder ein kleiner Vortrag zur Präsentation neuer Ideen im Rahmen eines Elternabends. Ohne auf die einzelnen Formen näher einzugehen, werden die Gemeinsamkeiten mit Blick auf überzeugendes Auftreten detailliert herausgearbeitet. Die angebotenen Tipps und Techniken sind daher auf alle genannten Kommunikationsformen anwendbar.

Basierend auf der Annahme, dass Überzeugungsarbeit in erster Linie Beziehungsarbeit ist, bedarf es einer inneren Haltung, die auf Akzeptanz und Menschlichkeit gründet. Sie wird genährt von einer tiefen Achtung gegenüber sich selbst und gegenüber den Menschen, die uns als GesprächspartnerInnen begegnen. Wie eine solche Haltung in gelebte Kommunikation umgesetzt werden kann, wird im ersten Kapitel an einer Vielzahl von Anwendungsbeispielen erfahrbar gemacht.

Wer andere überzeugen will, muss das Netz zwischen dem Ich, dem Du und dem Wir ausspannen und die einzelnen Elemente in eine gute Balance bringen. Die Überbetonung oder die Vernachlässigung eines dieser Aspekte macht es schwer, auf konstruktive Weise miteinander zu kommunizieren. Das zweite Kapitel bietet eine Vielzahl von Möglichkeiten an, ein klares, seiner selbst sicheres Ich aufzubauen. Die Reflexion zentraler Grundannahmen über das Recht auf den eigenen Standpunkt bereitet den Boden für eine rhetorisch sinnvolle Form, die eigene Argumentation zu gestalten. Im Anschluss gibt es viele Tipps zum souveränen Auftreten. Denn nur so können gut aufgebaute Argumente ihre Wirkung nach außen entwickeln. Möglichkeiten zum Aufbau der eigenen Argumente und zur weiteren Vorbereitung finden sich im dritten und vierten Kapitel.

Die Kapitel fünf und sechs widmen sich dem Du. Wenn Überzeugungsarbeit als Beziehungsarbeit verstanden wird, sind die GesprächspartnerInnen die Hauptpersonen. Erst der klare Blick auf das Gegenüber mit seinen anderen Wertvorstellungen, Gefühlen und Meinungen ermöglicht es, ein Gespräch erfolgreich zu führen. Dabei hilft das Verständnis der Körpersprache ebenso wie die Fähigkeit, durch gezielte Fragen mehr über das Denken und Fühlen der GesprächspartnerInnen zu erfahren. So entsteht das Einfühlungsvermögen, das es ermöglicht, das Gegenüber als interessierte und kooperative GesprächspartnerIn zu gewinnen und zu erhalten.

Durch ein starkes Ich, das ein Du in Wertschätzung akzeptiert, ist die Basis für ein tragendes Wir gelegt, das uns in Arbeits- und Lebenssituationen stützen, erweitern und beflügeln kann. Standpunkte in Reibung zu bringen gehört dazu. Der konstruktive Streit um die besseren Argumente ist ein ständiges Geben und Nehmen. Das Kapitel sieben vermittelt die Kunst der Gesprächsführung, die es erlaubt, unsere Anliegen in angemessener Form in den Mittelpunkt zu stellen und Argumenten Raum zu verschaffen, ohne den Kontakt zu denen zu verlieren, die wir überzeugen wollen. Die Fähigkeit, sich schlagfertig in Diskussionen einzubringen, gehört dazu.

Das achte Kapitel zeigt auf, dass eine auf Menschlichkeit und Achtung basierende Haltung im Kommunikationsgeschehen nicht nur bei „schönem Wetter" funktioniert. Hier gibt es Tipps und Techniken, die es erlauben, auf Störungen zu reagieren, ohne die wertschätzende Haltung zum Gebenüber aufzugeben.

Der hier dargestellte Ansatz ist ganzheitlich orientiert, d. h. er basiert auf dem Wissen, dass Körper, Seele und Geist miteinander verbunden sind. Wenn sie in Balance sind, können sie sich gegenseitig unterstützen, ergänzen und stärken.

Dieses Buch richtet sich an Männer und Frauen. Trotz vieler Lösungsansätze ist es in den letzten 20 Jahren nicht gelungen,

Kommunikation bei jedem Wetter

eine Schreibweise zu etablieren, die beide Geschlechter explizit benennt, ohne dabei an Geschmeidigkeit zu verlieren. Ich habe versucht, kreativ mit dieser Herausforderung umzugehen. So ist eine Mischung entstanden aus neutralen Formulierungen und der Verwendung des „I“. Hin und wieder habe ich darauf verzichtet, beide Geschlechter zu benennen. In diesem Fall bitte ich alle Leserinnen und Leser, wahlweise den einen oder die andere, sich mitgemeint zu fühlen. Denn das ist mein Anliegen.

# 1 Überzeugungsarbeit ist Beziehungsarbeit

Kommunikation ist Beziehung. Über die Sprache treten Menschen miteinander in Kontakt, teilen ihre Bedürfnisse und Befindlichkeiten mit, tauschen Erfahrungen und Meinungen aus und regeln das gemeinschaftliche Leben. Alle Lernansätze zur Kommunikation verweisen daher zu Recht auf die große Bedeutung der Beziehungsebene (vgl. z. B. Schulz von Thun 1981 und 1989). Ohne Empathie, ohne sensible Wahrnehmung des Gegenübers und ohne die Pflege der Beziehung zu den GesprächspartnerInnen gelingt es kaum, nachhaltig zu kommunizieren und Gespräche gut zu lenken. Wenn Sach- und Beziehungsorientiertung ausbalanciert sind, wird Kommunikation für alle Beteiligten erfolgreich.

In solchen Ansätzen bleibt die Beziehung allerdings Mittel zum Zweck. Sie dient dazu, eine Sache konfliktfreier und effektiver zu transportieren, die Kommunikation zu optimieren.

Doch Beziehung ist mehr als ein nützliches Hilfsmittel zu einer erfolgreichen Kommunikation. Beziehung ist ein wesentlicher Bestandteil von Kommunikation. Wir müssen uns im Klaren darüber sein, dass Kommunikation ohne Gegenüber gar nicht funktioniert. Ohne Gegenüber würden unsere Positionen, Gedanken und Meinungen letztendlich nicht existieren, weil niemand zuhören, wahrnehmen oder uns einen Spiegel entgegenhalten würde. Wir benötigen andere Ansichten, um uns an ihnen zu reiben und Gedanken zu klären. Im Austausch mit anderen Menschen erweitern wir unsere Kenntnisse und festigen unsere Position. Wir benötigen ein Gegenüber, damit unser Denken nicht ins Leere läuft. Die andere Meinung ist daher nichts anderes als die Ergänzung unseres eigenen Denkens, gleichsam die andere Seite der selben Medaille.

Wer diesem Prinzip folgt, sieht das Gegenüber nicht mehr als Gegner oder Gegnerin. Die Beziehung verändert sich augenblicklich. Auch in harten Auseinandersetzungen – sei es um das Verständnis einer Sache, um eine berechtigte Forderung oder in einem Konflikt – sollte uns bewusst bleiben, dass wir es lediglich mit dem anderen Pol des Gleichen zu tun haben. Dann bleiben wir in einem tieferen Sinn neugierig auf das, was andere zu sagen haben, was sie uns mitteilen wollen. Auf diese Weise ist Kommunikation in jedem Fall bereichernd. Dazu ein Beispiel:

Ein Team sitzt zusammen, um über die Konzeption der Einrichtung zu diskutieren. Um mit der eigenen Position zu überzeugen, bemüht sich eine Mitarbeiterin sehr erfolgreich, die Beziehungsebene positiv zu gestalten. Dadurch sind die anderen Mitglieder des Teams tatsächlich eher bereit, wohlwollend zuzuhören, die dargestellte Position kritisch, aber in Wertschätzung zu prüfen, die daraus entstehenden Schlussfolgerungen nachzuvollziehen und sich gegebenenfalls überzeugen zu lassen. Die Beziehungsebene wird hier also als Mittel genutzt, die überzeugende Wirkung des eigenen Auftretens zu erhöhen.

Als GesprächspartnerIn, die um den tieferen Zusammenhang von Beziehung und Kommunikation weiß, wird sich die Mitarbeiterin aber nicht damit zufrieden geben, dass andere ihrer Position schließlich zustimmen. Wer in unterschiedlichen Positionen nicht Gegnerschaft, sondern Bereicherung für das eigene Denken sieht, weiß, dass das Wissen der gesamten Gruppe viel mehr ist, als die Summe der einzelnen Beiträge. Und: Wir alle übersehen bei der Entwicklung unserer Positionen einzelne Aspekte und denken wichtige Punkte nicht immer bis zum Schluss. Die Mitarbeiterin wird versuchen, möglichst alle Anwesenden an der Diskussion zu beteiligen, damit sie ihr Wissen, ihre Fragen und ihre Zweifel der Gruppe zur Verfügung stellen. Sie wird also ihre eigene Position selbstbewusst einbringen und gleichzeitig neugierig sein auf die Beiträge aller anderen, denn diese Beiträge enthalten neue Anregungen und führen zur Erweiterung ihres eigenen Denkens.

Auf diese Weise erhält die Diskussion um die Konzeption eine hohe Qualität, sowohl auf der Beziehungs- als auch auf der Sachebene. Das Ganze kann wachsen. Wer sich wirklich auf ein gemeinsames Gespräch einlässt, wird in den Äußerungen anderer die Ergänzungen finden, die die eigene Position abrunden können. Dann entsteht statt Kampf Dankbarkeit für das, was andere einbringen. Daher ist es ein wichtiges Bestreben, eine Gesprächsatmosphäre zu schaffen, in der alle Beteiligten ihr Bestes geben.

In diesem Sinne ist Überzeugungsarbeit Beziehungsarbeit. Die innere Haltung, die aus diesem Grundsatz folgt, setzt sich aus mehreren Aspekten zusammen, die auf den folgenden Seiten vorgestellt werden.

## 1.1 Manipulation hat Grenzen – der Aspekt der Freiwilligkeit

Der Wunsch, dass andere die eigene Meinung übernehmen, ist weit verbreitet. Wir wollen überzeugen, gut dastehen, andere dazu bringen, dass sie denken, wie wir selbst denken, am gleichen Strang ziehen oder zumindest ihre Gegenwehr aufgeben und nicht dauernd mit ihren anderen Ansichten im Wege stehen.

TeamkollegInnen, die eine andere Meinung vertreten, werden oft als WidersacherInnen oder GegnerInnen erlebt, die am Selbstbewusstsein rütteln, aus dem Konzept bringen, Grenzen aufzeigen. So entsteht sehr leicht der Wunsch, sie rhetorisch einfach aus dem Feld räumen: mit einer unwiderlegbaren Argumentation, einem brillanten Auftritt, gezielter Körpersprache. Und wenn das nichts hilft, darf es auch mal etwas Bitten und Betteln sein, eine kleine Drohung am Rande, ein gut platzierter Seitenhieb oder ein raffinierter Trick, der das Gegenüber schachmatt setzt. Schön wäre es, wenn solche Manipulationsversuche unbemerkt bleiben könnten, so dass wir gut dastehen: kooperativ, konstruktiv und kundenorientiert. Rhetorik als geheimes Schatzkästchen, das es uns jeder Zeit erlaubt, die Sache im Griff zu behalten, die Oberhand zu erlangen und uns durchzusetzen. Schön wäre das – aber nur auf den ersten Blick.

Schaut man genauer hin, so handelt es sich hierbei um manipulative Strategien, mit denen wir das Gegenüber überrumpeln. Letztendlich bezahlen wir dafür oft einen hohen Preis. Die meisten GesprächspartnerInnen werden die Manipulation schnell durchschauen, denn sie sind ja auch nicht dumm. Sie trumpfen dann auf mit Gegenattacken aller Art, getrieben von dem Ziel, das Ruder auf die andere Seite zu reißen und von der Richtigkeit ihrer Gedanken, Ideen und Einschätzungen zu überzeugen. Die Geister, die wir riefen, werden wir dann nicht mehr los.

Rhetorik als Schatzkästchen

Statt dessen fühlen wir uns nun selbst über den Tisch gezogen und werden immer unfähiger, selbstbewusst in die Diskussionen einzugreifen. Die Folgen sind dann Rückzug und Verstummen einerseits, aggressives Kampfgebaren andererseits. Letzendlich werden wir Opfer unserer eigenen Manipulationsversuche.

Darüber hinaus belasten wir mit dieser Kunst der schnellen Überzeugung auch die Beziehung zum Gegenüber. Wer die Erfahrung gemacht hat, rhetorisch manipuliert worden zu sein, wird sich nur schwerlich offen und kreativ austauschen wollen. Wo Austausch und gegenseitige Anregung sein könnten, herrschen Misstrauen und strategisches Denken vor. Gespräche werden schwierig, Verständigung mühsam, das gemeinsame Handeln tritt in den Hintergrund. Die Reibung unterschiedlicher Sichtweisen und die Anreicherung des gemeinsamen Wissens durch Gespräche büßen ihr Potenzial ein. Sie werden schal und langweilig. Fehler häufen sich. Die Zusammenarbeit verliert ihren Charme. Das Gemeinsame tritt in den Hintergrund. Auf der Beziehungsebene ist ein Problem entstanden, das die gesamte Kommunikation negativ durchdringt und die Zusammenarbeit sehr erschwert.

Natürlich ist nichts gegen den Wunsch einzuwenden, andere von unseren Ideen, Gedanken und Vorstellungen zu überzeugen. Um Andersdenkende zu Mitstreiterinnen und Unterstützern werden zu lassen, müssen wir vor allem verhindern, dass sie zu GegnerInnen auf der Beziehungsebene werden. Überzeugungsarbeit ist in erster Linie Beziehungsarbeit und als solche folgt sie Mustern, die weit davon entfernt sind, leicht erlernbare Techniken zu sein, die man bei Bedarf aus dem Erste-Hilfe-Kasten zieht. Erfolgreiche Überzeugungsarbeit verlangt nach einer inneren Haltung, die der eigenen Position Bedeutung beimisst, ohne auf die Wertschätzung der Position des Gegenübers zu verzichten.

Eine Meinung zu übernehmen und sich von Argumenten überzeugen zu lassen, ist immer ein freiwilliger Akt. Wer unter dem Druck der Manipulation eine andere Meinung übernimmt, ist nicht überzeugt, sondern überredet. Das hat Konsequenzen für das Engagement in der Sache und für die Nachhaltigkeit des Überzeugungsprozesses. Wer es mit sprachgewaltigen, rhetorisch starken Menschen zu tun hat, sagt selten: „Der hat mich überzeugt!". In meinen Seminaren heißt es in solchen Fällen eher: „Gegen den komme ich nicht an!"

Die meisten kennen das aus eigener Erfahrung: Wer eine Meinung „aufgedrückt" bekommt, ist selten bereit, diese von ganzem Herzen und selbständig zu vertreten. Bei der nächsten Gelegenheit lässt man sich von etwas anderem „überzeugen" oder stimmt zu, weil man keinen anderen Ausweg sieht. Als Folge fehlt oft die Bereitschaft, die Konsequenzen der eigenen Zustimmung zu tragen. In der Umsetzungsphase tritt dann oft unbewusst der Widerstand zu Tage, der in der Diskussion selbst nicht aufrechterhalten werden konnte.

Wir sind erst dann überzeugt, wenn wir aus eigenem Antrieb eine Position übernehmen und uns aktiv für diese Meinung einsetzen. Das ist das Ziel der erfolgreichen Überzeugungsarbeit.

## 1.2 Es dauert, so lange wie es dauert – der Aspekt der Zeit

Wenn wir die Freiwilligkeit als wichtigen Aspekt im Überzeugungsprozess akzeptieren, müssen wir uns auch im Klaren darüber sein, dass unsere GesprächspartnerInnen ganz alleine bestimmen, wann sie einwilligen, wie lange sie das Für und Wider der Argumente prüfen wollen.

Überzeugungsarbeit braucht Zeit und Geduld. Wenige GesprächspartnerInnen sind gleich nach den ersten Argumenten bereit, sich überzeugen zu lassen und ihre eigene Position aufzugeben. Der Prozess der Überzeugung vollzieht sich in kleinen Schritten. Wir merken, dass sich die GesprächspartnerInnen unserer Position öffnen, wenn sie ihre eigene nicht mehr so vehement vertreten wie zu Beginn der Diskussion. Ein weiteres Zeichen ist es, wenn sie beginnen, sich für unsere Meinung zu interessieren. Diese Phase erkennen wir zum Beispiel an – manchmal noch widerständigen – Fragen: „Ja, aber warum kommst du auf die Idee, dass ...?“, „Finden Sie nicht auch, dass ...?“, „Und was genau begeistert dich so an diesem Vorschlag?“. In diesen Momenten tun wir gut daran, in aller Sachlichkeit Rede und Antwort zu stehen und nicht auf die Zweifel und den Widerstand, die in solchen Fragen mitschwingen, zu reagieren. Manche Menschen drücken ihr wachsendes Interesse an unserer Meinung auch dadurch aus, dass sie einfach still werden. Sie hören zu statt zu widersprechen. Sie öffnen sich behutsam einer Denkweise, die für sie neu ist.

Wer eine Meinung vertritt, hat in aller Regel gute Gründe dafür. Diese Gründe neu zu bewerten und gegebenenfalls neue Schlüsse zu ziehen, ist auch unter guten Bedingungen ein großer Schritt. Wird dieser Prozess aber von Abwertung, Druck und anderen negativen Beziehungsbotschaften begleitet, wird es ungleich schwerer, das vertraute, das „eigene“ Denken aufzugeben, bisher Fremdes zu übernehmen und ins eigene Handeln zu integrieren.

Überzeugungsarbeit ist vielschichtig. Eher selten findet man auf Anhieb *das* schlagende Argument, das das Gegenüber dazu veranlasst, von Jetzt auf Gleich seine Meinung nachhaltig zu ändern. Wahrscheinlicher ist es, immer wieder Aspekte der eigenen Denkweise vorzubringen, in einen ernsthaften Meinungsaustausch einzutreten und unter Umständen sogar die Zeit zu geben, das Ganze noch einmal zu überschlafen. Es dauert so lange, wie es dauert. Hier ist Beharrlichkeit gefragt. In aller Gelassenheit nicht locker zu lassen, ist eine hohe Kunst.

Im Wissen darum, dass Überzeugungsarbeit immer auch Beziehungsarbeit ist, lohnt es sich Zeit zu investieren, um die Gesprächsbeziehung positiv zu gestalten. Dazu gehört auch die Berücksichtigung vergangener Gesprächserfahrungen. Wer in früheren Diskussion auf Manipulation verzichtet und akzeptiert hat, die eigene Meinung nicht immer durchsetzen zu können, profitiert nun von dem Vertrauen, das ihm in höherem Maße entgegengebracht wird. Diese Bereitschaft unserer GesprächspartnerInnen beschleunigt den Prozess des Überzeugens weit mehr als alle Versuche, den anderen auf die Schnelle zum Einwilligen zu überreden.

## 1.3 Vorsicht ist die Mutter der Porzellankiste – der Aspekt des Vertrauens

Wenn sich GesprächspartnerInnen in vorausgegangenen Gesprächen bedrängt oder auf andere Art manipuliert gefühlt haben, werden sie neuen Situationen und Themen wahrscheinlich mit Misstrauen und Widerstand begegnen. Wir müssen dann erst das Beziehungsgerümpel aus dem Weg räumen, bevor wir über die Sache reden können. Auch wenn es zunächst so aussieht, als ob sich der Widerstand auf den Sachinhalt des Gesprächs bezieht, reichen seine Wurzeln oft weit in die Beziehungsebene hinein. „Der zieht mich nicht noch mal über den Tisch!" denken sich die GesprächspartnerInnen und prüfen und prüfen. Es wird über Nebensächlichkeiten diskutiert, ohne dass die Beteiligten zur Annäherung in der Sache bereit wären.

Viele dieser ermüdenden Diskussionen beziehen ihre Energie aus einem Misstrauen auf der Beziehungsebene. Man sucht und findet das Haar in der Suppe und nimmt das zum Anlass, die gesamte Speisefolge einer genauen Revision zu unterziehen. Aus der Sicht der Betroffenen ist dieses Misstrauen ein wichtiger, oft unbewusster Schutz vor Manipulation und sollte in diesem Sinne auch respektiert werden. Misstrauen lässt sich nicht einfach vom Tisch wischen.

Beziehungsgerümpel aus dem Weg räumen

Daher ist es nur scheinbar ein Umweg, Zeit in die Konsolidierung der Gesprächsbeziehung zu investieren. Und das meint mehr als ein geschickt eingebautes „warming up“, die netten Worte über Urlaub und dem Wohlergehen der Kinder. Wer misstrauisch ist, will Beweise dafür, dass er dem Braten nun wieder trauen kann, dass er es mit vertrauenswürdigen Menschen zu tun hat. Dabei sollte auf jegliche Form der Manipulation verzichtet werden, denn misstrauische Menschen sind mit sehr sensiblen Sensoren ausgestattet. Auch wenn unser Gegenüber nicht immer und sofort erkennt, was an den ausgetauschten Höflichkeiten nicht stimmt, so registriert es doch, dass hier etwas faul ist, und deshalb wird es an seiner Abwehr gegenüber unseren Argumenten festhalten. Und dann benötigen wir noch mehr Zeit, um die Gesprächsbeziehung wirklich positiv zu gestalten und in der Sache etwas zu bewegen. Hier zahlt es sich aus, sich einen Ruf als faire, wertschätzende GesprächspartnerInnen zu erarbeiten.

Nicht immer ist man für das Misstrauen selbst verantwortlich, das einem von GesprächspartnerInnen entgegengebracht wird. Wer in einer manipulierenden Atmosphäre aufgewachsen ist oder lebt, entwickelt eine misstrauische oder abwehrende Grundhaltung. Arbeiten viele misstrauische und manipulierende Menschen in einem Team, bedarf es einer langen und kontinuierlichen Phase der Vertrauensbildung, um eine offene Gesprächsatmosphäre zu schaffen. Dazu muss mindestens eine Person über den Tellerrand hinausschauen und die Gesprächs- und Arbeitsatmosphäre verändern wollen. Manchmal beziehen sich Misstrauen und Abwehr auch auf die Institution. Dies ist zum Beispiel der Fall, wenn Eltern in einer Kindertagesstätte schlechte Erfahrungen gemacht haben. Auch wenn die neue Leiterin vieles anders macht, wird sie über einen langen Zeitraum immer wieder zeigen müssen, dass sie das Vertrauen der Eltern wirklich verdient. Für diese Phase braucht es einen langen Atem, denn eine schlechte Erfahrung wirkt in der Regel anhaltender als eine gute. Es ist wichtig, dieses Misstrauen nicht persönlich zu nehmen. Wir müssen bereit sein, uns immer wieder überprüfen zu lassen, ob wir es wert sind, dass man uns vertraut.

Wenn gute Erfahrungen zu einer verlässlichen Größe werden, entwickeln sich Vertrauen und Gelassenheit, und das wirkt sich positiv auf den Überzeugungsprozess aus. Dann lässt sich in kurzer Zeit viel bewegen.

Bei einer vorurteilsfreien Begegnung ohne Vorgeschichte ist die Beziehung zunächst neutral. Doch schon in den ersten Minuten entscheidet sich, ob die jeweiligen GesprächspartnerInnen im Rahmen ihrer Möglichkeiten eher abwehrend oder eher offen und interessiert reagieren. Das ist jedoch nicht ganz unabhängig von der eigenen inneren Haltung. Wer offen, interessiert und achtungsvoll auf seine ZuhörerInnen zugeht, erhöht die Wahrscheinlichkeit, dass sich eine vertrauensvolle Atmosphäre entwickelt, die den Boden schafft für einen konstruktiven Meinungsaustausch und für erfolgreiche Überzeugungsarbeit. Schon beim ersten Elterngespräch werden so die Weichen für eine effektive Zusammenarbeit gestellt.

Ein guter Draht ist jedoch erst der Anfang. Es braucht Zeit, sich kennen zu lernen, herauszufinden, wie das Gegenüber denkt, wie die GesprächspartnerInnen auf Fragen oder auf Widerspruch reagieren, was ihr Hintergrund ist. Wir benötigen Zeit, um uns auf andere Menschen einzuschwingen und mit ihnen in einen konstruktiven Kontakt und Austausch zu treten. Diese auf den ersten Blick zeitraubende Beziehungsarbeit zahlt sich auf lange Sicht immer wieder aus. Ob das die Teamarbeit oder das Elterngespräch betrifft – durch diese Art der Beziehungsarbeit entsteht eine wertschätzende und achtungsvolle Atmosphäre, in denen weder egoistische Rechthaberei noch lähmende Unentschlossenheit Einzelner den Erfolg von Diskussionen verhindern. Die positiven Erfahrungen erzeugen Teamgeist und unterstützen die Gemeinschaftsbildung.

## 1.4 Alles darf sein – der Aspekt der Annahme

Wer seine Ideen, Vorschläge und Argumente vorstellt, hat gute Gründe dafür, dass sie die bestmöglichen sind. Aufgrund eigener Werte, Erfahrungen und solidem Faktenwissen ist eine eigene Meinung entstanden. Vor- und Nachteile wurden sorgsam abgewogen, Kreativität und Intuition genutzt. Im Gespräch mit ExpertInnen und Vertrauten haben wir die Grenzen und Möglichkeiten unseres Ansatzes ausgelotet. Nach all diesen Erwägungen sind es die einzig sinnvollen Schlüsse. Davon wollen wir das Team, Geldgeber oder Eltern überzeugen.

Dabei wird jedoch oft vergessen, dass auch die GesprächspartnerInnen bei ihrer Meinungsbildung einen ähnlich gewissenhaften, verantwortungsbewussten und langwierigen Prozess durchlaufen haben, der sie am Ende von einer anderen Sichtweise überzeugt sein lässt.

Die Kunst der Überzeugungskraft setzt die Akzeptanz anderer Argumente voraus. Akzeptanz bedeutet auch die Achtung vor der Denkweise, dem Sachverstand und der Bereitschaft unserer GesprächspartnerInnen, sich mit uns über das gewählte Thema auseinander zu setzen. Wer konstruktiv über einen Sachverhalt streiten will, sollte GesprächspartnerInnen nicht als zu bekämpfende MeinungsgegnerInnen betrachten. Jeder Mensch hat das Recht auf seine Sichtweise. Eine andere Meinung ist oft nichts anderes als der gegenüberliegende Pol der eigenen Sichtweise. Beide Ansichten gehören zusammen wie zwei Seiten einer Medaille. Wenn wir GesprächspartnerInnen nicht das Recht auf ihre Meinung einräumen, wird der fruchtbare Streit um die Sache auf die Beziehungsebene verlagert. Dann geht es nicht mehr um die Frage, wer die bessere Lösung anzubieten hat. Häufig beginnt nun ein Kräfte zehrender Machtkampf um das Recht auf eine eigene Meinung. Andere geben nach ein paar halbherzigen Durchsetzungsversuchen auf und räumen beleidigt das Feld mit dem sicheren Gefühl, Opfer rhetorischer, institutioneller oder männlicher Übermacht geworden zu sein. Die Möglichkeit eines konstruktiven Streits um Positionen verkommt zu einem oft langwierigen und langweiligen Streit um Personen.

Nur wer sich mit seiner Denkweise grundsätzlich angenommen fühlt, ist auch bereit, diese zu verändern. Nur wer sich akzeptiert fühlt mit seinem Weg, sich eine Meinung zu bilden, ist bereit, auch einmal andere Wege zu gehen. Wer um seine Anerkennung kämpfen muss, ist nicht gelassen und wird auch nicht so schnell los lassen können. Anpassung oder tiefe Gegnerschaft sind dann wahrscheinlicher als das freiwillige Übernehmen einer anderen Meinung.

Im Gegensatz zu LehrerInnen oder ÄrztInnen erfahren ErzieherInnen oftmals eine gesellschaftliche Geringschätzung ihrer Arbeit. In der Kommunikation mit Eltern wird ihnen daher weniger Respekt und Vertrauen in Bezug auf ihre berufliche Kompetenz entgegen gebracht. Dies ist ein strukturelles Problem, daher sollte man die Abwertung nicht persönlich nehmen. Die eigene professionelle Kompetenz muss uns im Bewusstsein bleiben, unabhängig von der Bewertung durch andere. So entsteht das nötige Selbstvertrauen, das es erlaubt, auch in schwierigen Kommunikationssituationen frei zu handeln. Diese Offenheit ermöglicht es, souverän mit den Ansichten der GesprächspartnerInnen umzugehen. Gleichzeitig schützt sie vor Manipulation.

## 1.5 Loslassen – der Aspekt der Kontrolle

Es lässt sich viel dafür tun, eine gute Ausstrahlung und ein souveränes Auftreten zu entwickeln, einfühlsam und gekonnt Argumente aufzubauen und zu platzieren, eine annehmende und konstruktive Gesprächsatmosphäre zu gestalten. Dennoch können wir die Kontrolle über die Situation nicht sichern.

ErzieherInnen sind dazu angehalten, die Entwicklung der Kinder im Blick zu behalten, Verhaltensweisen und Wachstumsschritte zu beobachten. Durch ihre Kontrolle können rechtzeitig notwendige Interventionen eingeleitet werden. Andererseits ist es in der pädagogischen Arbeit wichtig, die Entwicklung der Kinder im Vertrauen auf ihre eigenen Stärken zu begleiten.

Im Überzeugungsprozess müssen wir neben der genauen Wahrnehmung des Geschehens ab einem bestimmten Punkt in der Lage sein, loszulassen, die Kontrolle aufzugeben und stattdessen zu vertrauen – auf die Wirkung des Gesagten, auf die Kraft unserer Argumente und nicht zuletzt auch auf die Bereitschaft unserer GesprächspartnerInnen, in der Sache etwas bewirken zu wollen.

Oft kann man die Wirkung von Überzeugungsarbeit gar nicht direkt wahrnehmen. Der sichtbare Erfolg bleibt zunächst aus. Aber mit der Zeit wird eine neue Gesprächskultur entstehen und wir stellen fest, dass die Teamsitzungen effektiver verlaufen, die Gespräche mit Eltern vertrauensvoller werden oder die Aufmerksamkeit steigt, wenn wir eine neue Konzeption vorstellen. Kommunikation wird wirkungsvoller und macht mehr Spaß. Und das ist ein großer Gewinn.

## 1.6 In vielen Rollen zuhause – der Aspekt des Rollenbewusstseins

ErzieherInnen nehmen in ihrem beruflichen Alltag sehr verschiedene Rollen ein. Die damit verbundenen Aufgaben und Funktionen verändern die Beziehungen zu den jeweiligen GesprächspartnerInnen und damit die kommunikativen Anforderungen. In einem Elterngespräch sind andere Aufgaben zu bewältigen als im Kontakt mit den KollegInnen. Die Verhandlung mit einem Vertreter des Jugendamtes fordert ein anderes Auftreten als Verhandlungen mit der Vorgesetzten. Teamarbeit findet nicht immer im Dreamteam statt. Und selbst die Aufgaben und damit die Rollen, die ErzieherInnen gegenüber Eltern wahrnehmen, verändern sich ständig.

Im Dreamteam

In vielen Gesprächen mit Eltern geht es darum, gemeinsam zu einem größeren Verständnis für das Kind zu gelangen und seine optimale Begleitung zu ermöglichen. Hier übernehmen ErzieherInnen eine beratende, partnerschaftliche Rolle. Wenn es in einem solchen Gespräch zu Vorwürfen und Konflikten kommt, erfordert es professionelles Verhalten, sich nicht gleich von jeder Schuldzuweisung in die Flucht schlagen oder in einen Kampf verwickeln zu lassen, sondern mit der gesamten Kompetenz präsent zu sein.

Andererseits treten ErzieherInnen gegenüber den Eltern auch als VertreterInnen der Einrichtung auf und müssen in dieser Rolle bestimmte Regeln festlegen und durchsetzen. Auch wenn die meisten schwerwiegenden Konfliktgespräche dieser Art im Rahmen der Hierarchie nach oben gelenkt werden können, so müssen ErzieherInnen auch über die Souveränität verfügen, sich Konflikten mit Eltern zu stellen.

Bei Elternabenden sind ErzieherInnen dann auch noch in der Rolle der Moderation gefragt. Als GastgeberIn und Gesprächsleitung in einer Person ist von ihnen ein gutes Gespür für die Gruppe, Klarheit und Gestaltungswille gefordert, um diese oft gefürchtete Kommunikationssituation sicher zu meistern.

Zu guter Letzt steht dann vielleicht auch noch die Aufgabe ins Haus, die neue Konzeption fachkompetent und überzeugend in einem Gremium der Verwaltung zu präsentieren. Dann gilt es mit viel Feingefühl die Balance zwischen Information und Forderung zu halten.

Wer seine Rolle, seine Aufgabe und den Sinn seines Tuns kennt, vermittelt dadurch Sicherheit, Orientierung und Kraft – nicht nur im Hinblick auf die eigene Person, sondern auch auf das Gegenüber. Solange wir mit unserer Kompetenz verbunden bleiben, sind wir in jeder Rolle vor Bewertung geschützt. Doch darin liegt genau die Herausforderung.

Wenn Gesprächssituationen schwierig werden, liegt das oft daran, dass die Beteiligten ihren Platz aufgegeben haben oder ihn nicht mehr ausfüllen wollen. Die Leitung leitet nicht mehr, die Mitarbeiterin arbeitet nicht mehr mit all ihren Möglichkeiten mit, die Fachfrau bringt ihr Wissen nicht mehr ein, der Erzieher konkurriert mit der Mutter um die richtige Unterstützung für das Kind.

Das Bewusstsein für die eigenen Aufgaben erleichtert die alltägliche Kommunikation. Wer jedoch nicht mehr mit seinen Rollen und Aufgaben einverstanden ist, sollte sein Tätigkeitsfeld überprüfen und eventuell korrigieren. Dies lässt sich in der Regel nicht innerhalb der Alltagskommunikation lösen, sondern bedarf einer Auseinandersetzung mit sich selbst und dem jeweiligen Gegenüber.

## 1.7 Oben, unten, mittendrin – der Aspekt der Hierarchie

Wenn Kommunikation in hierarchischen Beziehungen stattfindet, wird sie immer wieder schwierig. Damit sind nicht nur die festgelegten Rollen innerhalb der betrieblichen Organisation gemeint, sondern all die Gesprächsbeziehungen, die wir als hierarchisch erleben, weil wir uns über- oder unterlegen fühlen. Für die Gesprächsatmosphäre macht es keinen großen Unterschied, ob das Gegenüber z. B. tatsächlich über Weisungsbefugnis verfügt, oder ob wir ihm diese Funktion innerlich zuschreiben.

Wer GesprächspartnerInnen auf diese Art mit Macht ausstattet, fühlt sich in der Regel im sprachlichen Verhalten nicht mehr frei. Dabei schließt Hierarchie Gesprächspartnerschaft eigentlich nicht aus. Auch wenn es auf der Ebene der Entscheidungsbefugnis Unterschiede gibt, sind wir als GesprächspartnerInnen gleichberechtigt, egal welche Funktion unser Gegenüber ausübt. Das erfordert allerdings einen weitgehenden Verzicht auf Bewertung. Können wir einer Abwertung durch unser Gegenüber standhalten, ohne unseren eigenen Wert zu bezweifeln? Gelingt es uns, in unserem Kompetenzbewusstsein zu bleiben, auch wenn das Gegenüber eine „bessere“ Ausbildung hat?

Wenn Menschen in der Hierarchie aufwärts kommunizieren, sind sie meistens etwas vorsichtiger und zurückgenommener, fühlen sich vielleicht schon in dem Moment verunsichert, wenn sie das Büro der Vorgesetzten auch nur betreten. Diese Unsicherheit oder Anspannung verstärkt sich möglicherweise noch, wenn es um ein wichtiges Anliegen geht, bei dem man auf die Unterstützung der Vorgesetzen angewiesen ist. Besonders schwierig wird es, wenn nicht klar ist, was das Gegenüber will.

Als Reaktion auf eine solche Verunsicherung verschließen sich viele Menschen. Andere testen aus, wie das Gegenüber reagiert, wählen ihre Informationen genauestens aus, verlieren an Offenheit und Vertrauen, beginnen zu taktieren und vieles mehr. All diese Verhaltensweisen führen zu Unklarheit und Verwirrung. Viele Dinge brauchen dann länger, bis sie auf den Tisch kommen. Spontaneität und Kreativität stehen nicht mehr in üblichen Maße zur Verfügung. Lähmung oder Aggression breiten sich aus.

Menschen, die als LeiterIn eines Gesprächskreises oder bei der Moderation eines Elternabends in einer führenden Position sind, sollten mit solchen Reaktionen rechnen und sie nicht persönlich nehmen. Es gibt in unserer Kultur einfach wenig positive Erfahrungen mit Hierarchien. Dadurch ist die Beziehungsebene in Gesprächssituationen innerhalb von Hierarchien immer schon tendenziell belastet.

Gerade im sozialen Bereich ist der Anspruch im Team zu arbeiten, sehr hoch. Dabei wird Teamarbeit oft mit einem hierarchiefreien Raum gleichgesetzt, der so nicht existiert. Um nicht als autoritär zu gelten, vermeiden viele Vorgesetzte, ihre Führungsaufgaben wahrzunehmen. Der Druck wird besonders stark, wenn sich die Hierarchien innerhalb einer Einrichtung verändern. Dabei ist kollegiales und wertschätzendes Verhalten unabhängig von der Rolle, die jemand innerhalb der Hierarchie einnimmt. Wenn sich Führungskräfte, um nicht anzuecken, aus ihrer Rolle und den damit verbundenen Aufgaben verabschieden, entstehen erfahrungsgemäß vermehrt Verwirrungen und Konflikte. Rollenklarheit ist also eine Grundvoraussetzung für erfolgreiche Kommunikation.

Um diese Vorbelastungen in hierarchischen Strukturen zu verändern, ist vertrauensbildende Beziehungsarbeit notwendig. Vorgesetzte müssen erst einmal beweisen, dass sie ihre Führungsaufgaben wahrnehmen können, ohne andere abzuwerten. Das Grundmisstrauen lässt sich hier nur langsam abbauen. Auch deshalb gehören Fähigkeiten in der Gesprächsführung zu den Schlüsselqualifkationen von Führungskräften.

Aber auch vom anderen Ende einer Hierarchie lässt sich einiges tun, um die Gesprächsatmosphäre konstruktiv zu gestalten. Man muss nicht alles, was in der Funktion des Gegenübers verankert ist, persönlich nehmen. Nicht jede Information, über die Vorgesetze verfügen, muss und darf an uns weiter gegeben werden. Daher ist es auch nicht immer gleich ein Misstrauensbeweis, wenn wir nicht über alles informiert werden.

Wer sich die Grundbedingung von Kommunikation in Hierarchien bewusst macht, muss sich nicht mehr so sehr darüber wundern, warum das Gegenüber „auf einmal so komisch“ ist. Wenn es gelingt, im Vertrauen zu bleiben, statt zu bewerten, stehen uns wieder alle Mittel der Gesprächsführung zur Verfügung. Statt heimlich, still und leise zu meckern – „Typisch, meine Chefin! Seitdem die die Leitung übernommen hat, glaubt sie wohl, was Besseres zu sein!“ oder: „Mich nerven diese MitarbeiterInnen, die einfach kein Engagement zeigen!" –, sind wir dann wieder in der Lage, unsere Konflikte offen anzusprechen und haben so eine Chance, sie zu lösen.

## 1.8 Männer reden anders. Frauen auch! – der geschlechtsspezifische Aspekt

Auch geschlechtsspezifische Faktoren spielen in der alltäglichen Kommunikation eine Rolle. Die Frage, ob Frauen anders sprechen als Männer, wurde in den letzten dreißig Jahren immer wieder untersucht. Dabei hat sich das bestätigt, was vor allem Frauen aufgrund ihrer Alltagserfahrung schon immer deutlich war: Es gibt signifikante Unterschiede auf vielen Ebenen der zwischenmenschlichen Kommunikation. Ob nonverbale Kommunikation, Wortwahl und sprachliches Verhalten in Diskussionen – überall lässt sich feststellen, dass Frauen tendenziell anders kommunizieren als Männer.

Für die Praxis ist es nun sehr interessant, welche Schlüsse daraus gezogen werden. Lange Jahre wurden Frauen vor allem als die Opfer der herrschenden Kommunikations- und Wahrnehmungsstrukturen gesehen (vgl. Trömel-Plötz 1984, Pusch 1984 oder Spender 1985). Später wurden männliches und weibliches Kommunikationsverhalten als zwei unterschiedliche „Sprechkulturen" dargestellt (vgl. z. B. Tannen: 1991). Oft wurde dabei eine Bewertung in besseres und schlechteres Verhalten vorgenommen. Viele soziale Kompetenzen, wie sie zur Zeit zum Beispiel als Führungsqualitäten gefordert werden, finden wir eher in der „weiblichen" als in der „männlichen" Kommunikationskultur. Daraus zu schließen, dass Frauen mit den konstruktiveren Verhaltensweisen ausgestattet sind, wäre allerdings voreilig.

In Kommunikationsseminaren nach den eigenen kommunikativen Fähigkeiten befragt, benennen Frauen vor allem beziehungsorientierte Fähigkeiten:

- zuhören
- sich einfühlen
- auf das Gegenüber eingehen
- Verbindungen aufzeigen
- zwischen zwei Parteien vermitteln
- für eine gute Gesprächsatmosphäre sorgen

Auch wenn diese Liste zunächst lediglich benennt, welche Fähigkeiten Frauen veröffentlichen, wird doch deutlich, dass ein großer Bereich menschlicher Kommunikation unerwähnt bleibt. Und so sind es dann eher die Männer, die folgende kommunikative Fähigkeiten für sich geltend machen:

- zielgerichtetes Argumentieren
- Bereitschaft zum Meinungsstreit
- Konfliktbereitschaft
- klare Positionierung
- Durchsetzungsvermögen

In der Realität sind Frauen natürlich sehr wohl in der Lage, ihre inhaltliche Position klar und deutlich auf den Tisch zu bringen. Genauso sind Männer in der Lage zuzuhören. Dennoch werden diese Fähigkeiten nicht im gleichen Maße benannt.

Die Bewertung des jeweiligen Kommunikationsverhaltens als das „bessere“ oder „schlechtere“ verhilft nicht zu einer konstruktiveren Kommunikationskultur, denn jede Seite allein umfasst nur einen Teil der kommunikativen Möglichkeiten als Ganzem. Sich für eine Seite als die „bessere“ Seite zu entscheiden, bedeutet immer auch eine Reduktion der Möglichkeiten, die uns menschliche Kommunikation in ihrer Gesamtheit bietet.

Für die Verbesserung der Kommunikation untereinander ist es sinnvoll, die „anderen“ Fähigkeiten zu integrieren, statt sich auf die „eigenen“ zu beschränken. Nur so können die eigenen Kompetenzen angereichert werden. Erst dann lässt sich aus der Fülle schöpfen, wenn es darum geht, angemessen und stimmig zu kommunizieren.

Frauen können ihre Fähigkeit zuzuhören wunderbar nutzen. Aber sie können nicht auf die Kunst, sich aktiv und mit Nachdruck zu vertreten, verzichten. Denn als Gesprächspartnerinnen tragen sie für beides die Verantwortung.

Es geht also darum, vertrauensvoll aufeinander zuzugehen und voneinander zu lernen. Erst wenn wir die freie Wahl zwischen allen Polen des kommunikativen Verhaltens haben, können wir uns in unserer Gesamtheit zum Ausdruck bringen und einen eigenen, ganz persönlichen Stil finden.

In Seminaren wird immer wieder deutlich, dass viele Frauen schlechte Erfahrungen mit „männlichem“ Kommunikationsverhalten machen. Frustration über Machtgebaren breitet sich aus, Frauen werden bewertet, nicht ernst genommen, müssen doppelt so gut sein, um Ähnliches zu erreichen wie die männlichen Kollegen. All das ist wahr. Und für die Praxis nutzt es uns gar nichts, die Schuld an diesen Erfahrungen den Männern oder patriarchalen Strukturen in die Schuhe zu schieben und darüber zu klagen. Ändern können wir diese Gegebenheiten nur, indem wir Verantwortung übernehmen, für das, was wir ändern können.

# 2 Der Weg zum eigenen Standpunkt

Dieses Kapitel zeigt, warum es manchmal so schwer ist, den eigenen Standpunkt zu finden und selbstsicher zu vertreten. Anschließend geht es darum, die Souveränität zu erweitern und den eigenen Kommunikationsstil bewusst zu machen. Natürlich darf auch der gute Aufbau der Argumentation nicht fehlen. Und schließlich gibt es Tipps und Übungen, um dem persönlichen Auftreten auf verschiedenen Ebenen den letzten Schliff zu geben.

## 2.1 Selbstbewusstsein entwickeln

Warum fällt es vielen Menschen so schwer, sich überzeugend für die eigenen Ansichten, Vorschläge und Ziele einzusetzen? Warum knicken sie bei zunehmendem Gegenwind so schnell ein, werden hart und starr, wenn sie sich mit kraftvollen und lebendigen GesprächspartnerInnen konfrontiert sehen? Warum fehlt es in Diskussionen mit Andersdenkenden so oft an Geschmeidigkeit und Toleranz? Warum verlieren so viele gute Ideen auf dem Weg zur kleinen oder großen Öffentlichkeit an Strahlkraft? Die Argumente scheinen sich zu Magneten für Zweifel und Abwertungen zu entwickeln, so dass ihnen zum Schluss jegliche Anziehung im positiven Sinn verloren gegangen ist.

Ein Beispiel:

> Eine Erzieherin ist seit einem halben Jahr Gruppenleiterin eines Kindergartens. Sie plant einen Elternarbeit zur Schulfähigkeit von Kindern. Sie hat sich gut vorbereitet, ein Buch zum Thema gelesen, sich mit KollegInnen auseinandergesetzt und mit einer Schulpsychologin gesprochen. Mit viel Engagement, Sachverstand und Kreativität hat sie das Thema aufbereitet, ein einführendes Referat vorbereitet und sich mit vielen Fragen auseinander gesetzt, die in der Diskussion mit den Eltern auf sie zukommen könnten. Zunächst fühlt sie sich sicher und kompetent. Aber wenn sie sich auch nur vorstellt, wie sich der Raum langsam füllt, spürt sie schon jetzt die kritischen oder desinteressierten Blicke der Eltern, hört sich bei ihrem Referat stottern und glaubt, keine einzige Frage richtig beantworten zu können. War sie zuvor in ihrer Selbstwahrnehmung noch mit genug Fachkompetenz und Selbstbewusstsein ausgestattet, um sich als souveräne Leiterin des Elternabends zu präsentieren, so will sie jetzt nur noch eins: Die Eltern mögen nett zu ihr sein, sie mit kritischen Fragen verschonen und keine Konflikte ansprechen. Es geht ihr nicht mehr darum, sich in ihrer Fachkompetenz zu zeigen und die Eltern zu informieren. Sie will nur noch akzeptiert und geliebt werden.
> Ein Wunsch, der auch an diesem Abend nicht in Erfüllung gehen wird, denn die Eltern sind nicht gekommen, um ihr ihre Sympathie zu zeigen. Sie wollen zum Thema Schulfähigkeit informiert und beraten werden.

Das Beispiel zeigt, wie schnell Verunsicherung aufkommen kann. Auch wenn wir es uns ungern eingestehen: Es fehlt oft am nötigen Selbstbewusstsein. Damit ist nicht die marktschreierische Verkäufermanier gemeint, die breitschultrig im Türrahmen steht und keine Zweifel darüber aufkommen lässt, wer der Chef im Ring ist. Es geht nicht um die äußere Wirkung, sondern um ein Verbundensein im Inneren mit all unseren Fähigkeiten, unserem Wissen, mit unserer Intuition und unseren Gefühlen.

## Das Recht auf den eigenen Standpunkt annehmen

Selbstbewusstsein meint das Bewusstsein über das, was das Selbst ausmacht. Dieses Selbst umfasst unendlich viele Aspekte. Im Zusammenhang mit Überzeugungsarbeit sollten wir uns darüber bewusst sein, dass wir ein Recht auf unsere Gefühle, auf einen eigenen Standpunkt und auf Selbstausdruck haben. Dieses Recht ist Teil des Menschseins. Wir sollten es in Anspruch nehmen.

Kleine Teufelchen

Wertschätzung und Annahme gegenüber Kindern gehört zu den Basiskompetenzen von ErzieherInnen. Sich selbst, den eigenen Ideen und Meinungen diese Wertschätzung entgegenzubringen, fällt jedoch vielen schwer, besonders dann, wenn sie sich damit in die Öffentlichkeit wagen. Die kleinen Teufelchen, die sich dann in den Gedanken breit machen und kein gutes Haar an uns lassen, sind ungezählt und atemberaubend kreativ. Mit immer neuen Tricks rücken sie uns zu Leibe, bis wir es selbst einsehen: „War halt nur mal so eine Idee. 'Tschuldigung!“

Für diesen demoralisierenden Prozess brauchen wir weder unfaire GesprächspartnerInnen, aggressive VertreterInnen einer anderen Meinung noch subtile Manipulateure. Das schaffen wir auch ganz gut alleine, indem wir der Selbstkritik und dem Selbstzweifel Tür und Tor öffnen. Dieser Prozess wird noch verstärkt, wenn uns von außen ein kalter Wind entgegenbläst. Gerade dann erfordert es viel innere Arbeit, um sich das Recht auf den eigenen Standpunkt bewusst zu machen und sich mit der eigenen Sichtweise zu zeigen.

## Verantwortung für den eigenen Standpunkt übernehmen

Letztendlich haben wir nicht nur das Recht, sondern auch die Pflicht einen eigenen Standpunkt einzunehmen. Das ist insbesondere für diejenigen eine große Herausforderung, die sich in Diskussionen und Auseinandersetzungen lieber zurückhalten und anderen das Wort überlassen: „Auf mich kommt es eh nicht an!“, „Lass die nur reden!“ oder „Was kann ich da schon groß ausrichten!“ Natürlich kann man auch darauf verzichten, einen Standpunkt (öffentlich) einzunehmen. Manchmal ist das sogar ein notwendiger Selbstschutz.

Dennoch tragen wir die Verantwortung für das, was geschieht. Zu viele Menschen ziehen sich in schwierigen Gesprächssituationen zurück. So bleiben wichtige Argumente unerwähnt, neuartige Aspekte unbeleuchtet und viele wunderbare Ideen fallen unter den Tisch. Aus all diesen Gründen sollten wir selbstbewusst und beherzt den eigenen Standpunkt vertreten.

## Dem Wissen des Herzens folgen

Selbstbewusstsein meint auch, sich der Vielschichtigkeit des eigenen Wissens bewusst zu sein. Unser Wissen ist mehr als die Summe unserer Diplome. Es übersteigt die Kenntnisse, die wir im Laufe des Lebens aus Büchern, in Schulen und Fortbildungen gelernt haben. Dieses Wissen schließt all unsere Erfahrungen, unsere Fantasie, unsere Intuition und unseren Verstand mit ein. Neben den rational fasslichen Erkenntnissen sollten wir auch das Wissen des Herzens anzunehmen als eine wichtige Grundlage für unsere Ideen, Meinungen und Standpunkte, für das, was wir in der Welt wollen.

Viele Diskussionen basieren auf dem Austausch von Faktenwissen. Diese Fakten sind zwar wichtig, sind jedoch nicht die einzigen Ebenen, die zu einem differenzierten Meinungsbildungsprozess führen. Wer keine Statistiken parat hat, kann auf sein Alltagswissen, seine Lebenserfahrung und den gesunden Menschenverstand zurückgreifen.

Sachlichkeit ist in Diskussionen ein hoher Wert. Fundierte Zahlen, zurückgenommene Emotionen und wissenschaftliche Beweise sind jedoch nur ein Teil dessen, was im wahrsten Sinne des Wortes sachdienlich ist, also der Sache dient. Je nach Thema, Situation und Teilnehmerkreis können Fantasie, Kreativität und Emotionen sehr viel zur Darstellung, zum Verständnis und zur Klärung eines Sachverhaltes oder einer Fragestellung beitragen. Mitunter sind es gerade die emotionalen Aspekte eines Themas, die den Kern der Sache ausmachen. In diesem Fall geht es darum, sich in die Sache einzufühlen, ebenso wie in die Menschen, die ihre Position vertreten. Ein solches Gefühl für die Sache ist eine wichtige Basis für eine Diskussion im Team, mit Eltern oder Vorgesetzten. Die Voraussetzung dafür ist, sich mit allen Ebenen des inneren Wissens anzunehmen.

## Den Mut zum eigenen Denken entwickeln

Um einen eigenen Standpunkt zu entwickeln und zu vertreten, ist es notwendig, sich eigene Gedanken zu erlauben. Immer wieder orientieren sich Menschen im Bedürfnis nach Sicherheit und Anerkennung an dem, was andere vorgedacht haben. Sie verbergen sich hinter den Positionen von Autoritäten oder MeinungsführerInnen.

Die Vorbereitung auf eine Präsentation besteht dann darin, rechts und links zusammenzuklauben, was „man" zum ausgewählten Thema sagen sollte. Es entsteht kein Raum für die Frage, was wir selbst zum Thema sagen wollen. Wenn dann die Angst vor der Darstellung der eigenen Position steigt, unterwerfen sich viele RednerInnen sicherheitshalber einem imaginären Anpassungsdruck. Die eigenen Gedanken, Ideen und Argumente bleiben dabei leider auf der Strecke.

Mut zum eigenen Denken verlangt vor allem Ehrlichkeit sich selbst gegenüber. Was wollen wir wirklich? Was genau sind unsere Gedanken und wie lauten unsere Argumente zu einem bestimmten Sachverhalt? Welche Gründe führen uns zu dieser Sichtweise? Um einen eigenen Standpunkt vertreten zu können, muss klar sein, was der eigene Standpunkt ist. Wie man den GesprächspartnerInnen die eigene Ansicht vermittelt, auch wenn sie aus dem Rahmen des Üblichen fällt, ist erst die zweite Überlegung.

## Kreativität zulassen

Selbstbewusstsein meint auch, sich Raum zum kreativen Umgang mit dem eigenen Wissen zu nehmen. Verschiedene Menschen ziehen aufgrund ihrer unterschiedlichen Erfahrungen und Ziele unterschiedliche Schlussfolgerungen aus den gleichen Fakten. Dadurch erweitert sich das Spektrum der Sichtweisen, bisher unerschlossene Lösungswege werden sichtbar, Neues kann entstehen. In diesem Sinne ist kreatives Querdenken immer auch eine Bereicherung für das Ganze.

Neues entstehen lassen

Voraussetzung dafür ist der Mut, mit den eigenen Gedanken, Ideen und Meinungen beherzt Neuland zu betreten und Wagnisse einzugehen. Kreativität meint dabei vor allem die innere Erlaubnis zu Spontaneität und Unvollendeten, die Bereitschaft, auf Perfektion zu verzichten und lebendige Diskussionen mit all ihren Brüchen und Ungereimtheiten zuzulassen. Kreativität ist der Stoff, aus dem wir im Überzeugungsprozess Brücken bauen können: zu uns selbst und zu unseren GesprächspartnerInnen. Kreativität ist die Energie, die die Freude am Austausch mit unseren Mitmenschen lebendig erhält und uns den Reichtum des konstruktiven Miteinanders immer wieder entdecken lässt.

## 2.2 Erwartungen bewusst machen

Es ist eine Sache, den eigenen Standpunkt zu finden. Eine ganz andere Sache ist es, diesen Standpunkt zu veröffentlichen. Dabei spielt es im Grunde keine Rolle, ob diese Öffentlichkeit aus einer Person (ein Elternteil), einer kleinen Gruppe (das Team) oder dem zahlreich erschienenen Publikum einer Großveranstaltung besteht. Wer seine Gedanken kundtut, tritt in Beziehung zu dieser Öffentlichkeit und macht sich damit grundsätzlich angreifbar. Wenn wir mit unseren Argumenten etwas bewirken wollen, müssen wir dieses Risiko eingehen. Manche Menschen fürchten dabei mehr die Anonymität einer großen Gruppe, andere fühlen sich eher durch die Intimität des Zweiergespräches gehemmt. Es gibt an diesem Punkt keine absolute Sicherheit. Aber es gibt Möglichkeiten, das Wohlbefinden in Kommunikationssituationen zu erhöhen. Dabei ist es hilfreich zu wissen, welche Rolle die GesprächspartnerInnen in diesem Geschehen spielen, welche Erwartungen wir an sie stellen.

Suchen wir vor allem nach Bestätigung? Wünschen wir uns

Reibung in der Sache? Wollen wir uns und unsere Sichtweise weiterentwickeln? Oder geht es uns im Wesentlichen um eine gelungene Selbstdarstellung? Jede einzelne dieser Erwartungen hat ihre Berechtigung. Jede Erwartung entfaltet aber auch ihre eigene Dynamik.

## Bestätigung

Der Wunsch nach Bestätigung führt schnell in eine Abhängigkeit vom Gegenüber. Das wird deutlich, wenn das Gegenüber die gewünschte Bestätigung verwehrt. Auf Grund ihrer Beobachtungen hält es eine Teamkollegin zum Beispiel für unbedingt angebracht, dass ein Kind aus ihrer Gruppe logopädisch betreut wird, damit sich seine sprachliche Kompetenz gut entwickelt. Die Eltern sehen das aber ganz anders.

Wenn es um Bestätigung geht, werden die nun folgenden Gespräche vermutlich nicht sehr erbaulich sein. Die Kommunikationssituation wird um so schwieriger, je weniger dieser Wunsch bewusst ist. Denn um die ausbleibende Bestätigung doch noch zu erlangen, wird die Kollegin beginnen zu kämpfen, zu manipulieren, anderen nach dem Mund zu reden und sich anzupassen. Wenn ihre Versuche scheitern, wird sie unbefriedigt zurück bleiben. Möglicherweise wird sie mit den Eltern um den richtigen Weg zum Wohle des Kindes konkurrieren und sich bald als Opfer von Inkompetenz fühlen. So verliert sie zunehmend ihre Sicherheit und Souveränität.

Wir sollten uns bewusst machen, dass wir ein Recht auf unsere Sichtweise haben, auch wenn niemand unserer Position zustimmt. Natürlich ist es sehr angenehm, sich im Einklang mit Kolleginnen, Eltern und Vorgesetzten zu wissen. Doch wenn es nicht so ist, benötigen wir das Rückgrat, die Sache auch alleine weiter zu tragen und notfalls eine neue Auseinandersetzung zu

beginnen. Kann sich das Gegenüber unserer Meinung nicht anschließen, so entsteht aus diesem „Nein!" Reibung. Ein Meinungsstreit beginnt, der für alle Beteiligten sehr fruchtbar und gewinnbringend sein kann. Vorausgesetzt, wir sind bereit zu akzeptieren, dass andere Menschen andere Meinungen haben.

Für viele Menschen ist das „Nein!" zur eigenen Position leider schon ein Konfliktfall. Sie sehen in diesem „Nein!" nicht den Angriff auf ihre Position sondern auf ihre Person. Und so wird aus einem konstruktiven Meinungsstreit schnell ein Kampf auf der Beziehungsebene: „Ich oder Du!". Die Sache selbst tritt in den Hintergrund.

Wir müssen die Unterschiedlichkeit im Denken akzeptieren und sollten sie nicht bewertend gegen uns selbst richten. Darin liegt auch ein Schutz vor der Abhängigkeit von der Bestätigung durch andere. In dem wir das Bewusstsein der Unterschiedlichkeit entwickeln, erlangen wir in Diskussionen eine größere Freiheit gegenüber unseren GesprächspartnerInnen. Und wenn sich unsere Argumente nicht durchsetzen, müssen wir auch das akzeptieren.

## Weiterentwicklung durch Reibung

Es gibt Gespräche, die gut tun, weil die GesprächspartnerInnen einfach zustimmen, Unterstützung anbieten oder durch ihr Nicken Bestätigung vermitteln. Harmonie und Gleichklang sind spürbar und es ist einfach erholsam, nicht immer gegen den Strom zu schwimmen. Für die Sache selbst sind Gesprächssituationen oft interessanter, in denen über Fragen, Einwände und andere Sichtweisen Reibung entsteht. Neue Gedanken und Aspekte erweitern die eigene Position und stellen die Argumentation auf immer sicherere Beine. Der Gewinn solcher Diskussionen besteht dann darin, nicht mehr genauso zu denken wie vor dem Gespräch. Es hat sich etwas entwickelt.

Um diese Reibung zu erzeugen, benötigen wir ein Gegenüber. Die Aufgabe der GesprächspartnerInnen ist es dann, mit kritischem Sachverstand Positionen zu prüfen, mit Zweifeln zu verunsichern und mit beharrlich vorgetragenen Gegenpositionen Spannung in die Sache zu bringen. Um ein solches Gespräch erfolgreich führen zu können, müssen wir in uns die Balance zwischen der selbstbewussten Darstellung der eigenen Position und der Offenheit gegenüber anderen Meinungen herstellen. Wer möglichen Irritationen auf der Beziehungsebene nicht mehr so viel Raum geben muss, bewegt sich mit viel Freude und Gewinn in dieser Königsklasse des Meinungsstreits.

## Selbstdarstellung

In manchen Gesprächssituationen ist Selbstdarstellung unser zentrales Ziel. Wir verbinden damit den Wunsch, unser Gegenüber möge unsere fachliche und/oder soziale Kompetenz erkennen, uns als konstruktive (logisch denkende, kreative, starke, geschmeidige, rhetorisch gewandte, einfühlsame etc.) VertreterInnen unserer Meinung wahrnehmen und unsere Souveränität im Auftritt zur Kenntnis nehmen. Dies trifft nicht nur auf viele Bewerbungs- oder Prüfungssituationen zu, sondern auch z. B. auf Sitzungen, bei denen wir gerne von unserer besten und kompetentesten Seite wahrgenommen werden möchten. Unser Wert soll in den Augen der ZuhörerInnen steigen. Die Argumente sind dann eher Mittel zum Zweck. Damit positive Selbstdarstellung gelingt, müssen wir uns von unserem Publikum betrachen und prüfen lassen. Wir sollten im Mittelpunkt stehen wollen und uns darauf vorbereiten, diesen Raum ganz auszufüllen.

## Resümee

All diese kommunikativen Anliegen und die damit verbundenen Erwartungen an das Gegenüber sind berechtigt. Oft sind sogar verschiedene Interessen im Spiel. Für das eigene Wohlbefinden in Gesprächssituationen ist es nützlich, sich das Hauptanliegen bewusst zu machen. Auch hier zahlt sich Ehrlichkeit sich selbst gegenüber aus. Es hilft überhaupt nichts, den geheimen Wunsch nach Anerkennung und Bestätigung tapfer zu ignorieren, um dann bei ersten kritischen Bemerkungen aus der Kurve zu fliegen.

Wer sich über seine Erwartungen bewusst ist, kann auch zielgenau darauf hinarbeiten, dass die GesprächspartnerInnen diese Haltung einnehmen. So kann die Leiterin eines Kindergartens selbstbewusst auf Reibung hinarbeiten, indem sie das Team zur offenen Auseinandersetzung ermutigt: „An diesem Punkt ist es mir sehr wichtig, dass ihr meinen Vorschlag nicht voreilig gutheißt. Ich bitte euch, ihn mit all eurem kritischen Sachverstand zu prüfen, ihn nach allen Regeln der Kunst gegen den Strich zu bürsten und mit mir in eine belebende Diskussion einzutreten!"

Die Klarheit über die verschiedenen Facetten der Gesprächssituation schafft die Basis, um das Gespräch auf Beziehungs- und Inhaltsebene im eigenen Sinne zu lenken.

## 2.3 Souveränität richtig verstehen

Menschen, die sicher und souverän auftreten und dabei nicht distanziert und unnahbar wirken, werden oft bewundert. Die Mischung aus Zugewandtheit und eigenem Fahrplan, Freundlichkeit und Schlagfertigkeit übt eine große Faszination aus. So ist es nicht verwunderlich, dass Souveränität in Rhetorikkursen ganz oben auf der Wunschliste der TeilnehmerInnen steht. Aber was genau ist Souveränität? Souveräne RednerInnen zeichnen sich sicherlich nicht durch Perfektion aus. Perfektion wäre das Ende der Veränderung und hat daher immer auch etwas Unlebendiges. Souveräne Menschen faszinieren aber gerade durch ihre Lebendigkeit und Flexibilität im Umgang mit den Dingen, die auf sie zukommen. Sie sind nicht fehlerfrei, aber sie gehen oft mit großer Überlegenheit mit den Fehlern, Brüchen und Unwägbarkeiten einer Gesprächssituation um.

## Den Sprung ins kalte Wasser wagen

Wer seine Souveränität steigern möchte, sollte weder Perfektion noch Fehlerfreiheit anstreben. Diese Ziele führen oft zu einer großen Anspannung. Wir fürchten spontane Impulse, die die gut geplante Selbstdarstellung zunichte machen könnten. Die Angst steigert das Bedürfnis, alle Regungen zu kontrollieren. Diese Kontrolle bindet viel Energie, die dann für die eigentliche Aufgabe nicht mehr zur Verfügung steht. Die Redenden fühlen sich nicht mehr wohl. Das registriert auch das Gegenüber.

Der Weg führt also in eine andere Richtung. Statt die Dinge in den Griff zu bekommen, sollten wir sie geschehen lassen, im Vertrauen darauf, dass wir mit dem, was geschieht umgehen können. Souveränität braucht Gelassenheit, Unabhängigkeit und Lebendigkeit. Dann können RednerInnen mit den Herausforderungen einer Kommunikationssituation (Blackout, Zwischenrufe, etc.) erfolgreich und kreativ umgehen.

Natürlich spielt dabei Erfahrung eine Rolle. Wer aber gute Erfahrungen machen will, muss sich einlassen und die Gelegenheiten wahrnehmen, muss ausprobieren, experimentieren, auch einmal etwas riskieren. Kreativität und Kontrolle vertragen sich nicht gut. Also gilt es, den Sprung ins kalte Wasser zu wagen.

Und es gibt Möglichkeiten, das kalte Wasser anzuwärmen. Wir stellen uns auf das ein, was auf uns zukommen könnte, gehen realistischerweise davon aus, dass wir im kalten Wasser frieren werden und sorgen dafür, dass am Ufer ein Handtuch und warme Sachen für uns bereit liegen. Wir können uns mit dem „Danach" verbinden, wenn wir das Kribbeln auf der Haut spüren und der ganze Körper warm wird, wenn wir zufrieden sind, weil wir das Risiko eingegangen sind. Wer im kalten Wasser nicht friert, ist entweder abgehärtet oder fühllos, aber nicht besonders souverän.

Also springen wir ins kalte Wasser und machen es uns dabei so angenehm wie möglich:

- Erlauben wir uns Fehler. Die kann man zwar nicht wieder rückgängig machen, aber ausbügeln. Man muss sich dann aber erst beim Bügeln auf den Fehler konzentrieren und nicht schon vorher.
- Seien wir nach Herzenslust aufgeregt. Wer so tut, als ob eine öffentliche Rede ebenso locker vonstatten geht wie Rasenmähen, macht sich vielleicht etwas vor.
- Gestehen wir uns ein, dass wir nicht perfekt sind und freuen wir uns an unserer Lebendigkeit.
- Geben wir zu, dass uns bestimmte Situationen oder Reaktionen nicht kalt lassen, dass Verletzendes verletzt und Zustimmung erfreut. Schalten wir also nicht auf „cool".
- Trauen wir uns, auch einmal eine richtig schlechte Rede zu halten. Diese Rede ist dann aber auch nicht mehr als sie ist: eine schlechte Rede – und nicht etwa der Untergang.
- Nehmen wir uns vor, gut zu sein, aber verwechseln wir das nicht mit Perfektion und Starre.
- Haben wir Spaß bei den Abenteuern, in die wir uns hineinwagen.

Im Gegensatz zu Kindern, die eine sehr hohe Bereitschaft haben, Neues auszuprobieren, halten sich Erwachsene gerne in einer Art Komfortzone auf, in der sie auf das Verhalten zurückgreifen können, das sie schon kennen. Leider greifen sie auch dann auf bekannte Verhaltensweisen zurück, wenn sie nicht besonders erfolgreich sind. Wer seine Souveränität erhöhen will, muss bereit sein, Neues zu wagen und Fehler zu riskieren. Um diesen Lernprozess zu unterstützen, kann man all das tun, was im Umgang mit den Kindern selbstverständlich erscheint: annehmen, trösten, aufmuntern und Mut machen.

## Sich mit der Angst bewegen

Wer seine Souveränität und Gelassenheit erhöhen will, muss sich vielleicht eingestehen, mehr Angst zu haben, als einem lieb ist. Dieser Schritt ist nicht immer angenehm. Für die Weiterentwicklung ist er notwendig. Angst gewinnt an Kraft, wenn sie im Verborgenen wirken kann. Wer seine Angst zu verbergen sucht, bindet viel Aufmerksamkeit und gibt ihr dadurch noch mehr Nahrung.

Angst muss sich bewegen können, damit sie sich auflösen kann. Akzepanz bedeutet hier, der Angst die Hand zu reichen und sie als ein (wenn auch ungeliebtes) Mitglied unseres inneren Teams zu begrüßen. Dann tun wir, was unsere Aufgabe ist: Wir gehen auf die Bühne, präsentieren unsere Ideen, diskutieren unsere Vorschläge und bemühen uns, unsere Gesprächs-

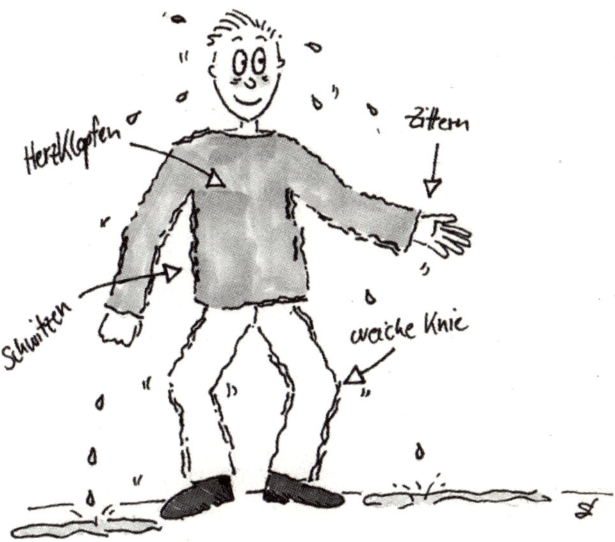

partnerInnen zu überzeugen. Man muss seine Angst nicht lieben, aber man sollte sich mit ihr vertraut machen. Wer es gelernt hat, *mit* der Angst aufzutreten, wird den erhöhten Pulsschlag, die belegte Stimme oder die feuchten Hände als das erkennen, was es ist: ein körperlicher Ausdruck des Befindens, nicht mehr und nicht weniger. Wer diese körperlichen Reaktionen akzeptieren kann, bewirkt damit, dass sie vorüber gehen. Das wissen alle, die in aufregenden Situationen schnell rot werden. Es hilft nichts, da muss man durch. Der Körper ist in diesem Fall stärker als der Wille. Durch Akzeptanz und Annahme wird seine Suche nach Balance unterstützt. Wir sollten die Situation mit erhobenem Haupt durchstehen. Das ist der kürzeste Weg zu ihrer Veränderung.

Für alle, die von heftigen Körperreaktionen geplagt sind, mag es ein kleiner Trost sein, dass wir selbst den Herzschlag, das Zittern, den Kloß im Hals sehr viel stärker wahrnehmen als die GesprächpartnerInnen. Wer schon einmal Videoaufnahmen seines Diskussionsverhaltens analysiert hat, weiß das. An diesem Punkt ist die Selbstwahrnehmung oft geradezu unbarmherzig im Vergleich zur Fremdwahrnehmung. Die Aufregung wirkt nach innen sehr viel deutlicher als nach außen. Wer seine Aufregung nicht mehr vor sich selbst verstecken muss, hat viel gewonnen. Die GesprächspartnerInnen werden die ungeteilte Aufmerksamkeit der Redenden genießen. Wer Schritt für Schritt Freude an den kleinen und großen öffentlichen Auftritten entwickelt, wird die verunsichernden Körpersymptome vielleicht sogar genießen lernen. Denn sie sind nichts weniger als die Symptome körperlicher Erregung.

## 2.4 Den eigenen Stil entdecken

Jeder Mensch hat seinen individuellen Stil, auch in der Kommunikation. Es ist mitunter hilfreich, sich diesen Stil bewusst zu machen, um ihn zu leben. Denn alles, was aus uns selbst heraus kommt, unterstützt uns in unserem Tun.

Der persönliche Stil ist eine Mischung aus dem, was wir in dieses Leben mitbringen, unserem Gewordensein, unseren Vorlieben und Charakterzügen, kurz: Unser Stil ist Ausdruck unseres Selbst. Und daher sollten wir ihn annehmen und pflegen. Im Einklang mit dem persönlichen Stil zu kommunizieren, stärkt Selbstsicherheit und Ausstrahlung. Im Gegensatz dazu wirkt ein übergestülptes Verhalten oft unharmonisch und letztendlich weder souverän noch überzeugend.

### Welcher Kommunikationstyp bin ich?

In meinen Seminaren stelle ich oft die Frage, was die Einzelnen tun würden, wenn sie wirklich begnadete RednerInnen wären. Dabei kristallisieren sich verschiedene Typen heraus. Jeder Typ hat eine eigene Grundhaltung, eine eigene Sprache, Gestik und Mimik. Der eigene Stil ist unter anderem geprägt durch den Kommunikationstyp, der uns am nächsten kommt. Die Grenzen sind dabei natürlich fließend.

#### LehrerIn

Menschen dieses Grundtyps lieben es, Wissen zu vermitteln. Sie freuen sich über die Möglichkeit, Erkenntnisse und Erfahrungen weiterzugeben. Ihnen fällt es leicht, ihre Inhalte verständlich und anschaulich zu vermitteln. Sie schätzen ein Publikum, dass wissbegierig zuhört und mit immer neuen Fragen immer tiefer in die Materien einzudringen sucht. Ihre Kreativität setzen sie ein, um immer neue Weg der Vermittlung zu finden und Menschen neugierig zu machen auf das, was in der Welt geschieht.

PolitikerIn

PolitikerInnen in ihren positiven Aspekten wollen begeistern, aktivieren, MitstreiterInnen finden zur Umsetzung einer guten Idee. Sie sind argumentationsstark, lieben die Reibung mit anderen Meinungen und wollen gegen alle Widrigkeiten überzeugen. Sie schätzen aktive GesprächspartnerInnen, die sich wie sie selbst für eine Sache einsetzen, die Engagement aufbringen und etwas bewegen wollen. Ihre Stärke ist der Meinungsstreit mit gleichberechtigten und ebenso starken PartnerInnen.

ManagerIn

Dieser Grundtyp will Dinge anschieben, Menschen zusammenbringen, gute Bedingungen schaffen für das gemeinsame Tun. Im Vordergrund steht die Fähigkeit, sich in andere Menschen einzufühlen, herauszufinden, was das Gegenüber braucht, um die anstehenden Aufgaben zu bewerkstelligen. Die kommunikativen Fähigkeiten dieses Typs sind auf gute Gesprächsführung ausgerichtet und haben ein erfolgreiches Miteinander zum Ziel. Fragen, Lob, konstruktive Kritik, Lösungsvorschläge in schwierigen Situationen sind die zentralen Kommunikationsmittel. ManagerInnen sind „ErmöglicherInnen“. Je nach Bedarf sind sie bei der großen Präsentation ebenso zuhause wie im Gespräch unter vier Augen.

## VerkäuferIn

VerkäuferInnen freuen sich über jede Gelegenheit, eine gute Sache oder Idee glaubwürdig zu verkaufen. Mit viel Elan können sie ihre ZuhörerInnen für ihr Anliegen begeistern, sie können schlichte Sachverhalte in den buntesten Farben darstellen, bringen Visionen unter die Menschen und verzaubern ihr Gegenüber. Sie sind wahre Energiebündel und haben immer wieder die Kraft, ermattete Teams mit dem nötigen Feuer zu versorgen.

## EntertainerIn

Ein Grundtyp, der wie geschaffen ist für die „Festtage". Großveranstaltungen, Jubiläen und Familienfeiern sind sein Eldorado. Entertainer jonglieren nach Herzenslust mit Situationen, Themen und ihrem Publikum. Sie können alles miteinander verbinden und sich von allem zu neuen Verbindungen anregen lassen. Ihre große Freude ist das Spiel mit Worten. In immer wiederkehrenden Wellen überschütten sie ihr Publikum mit ihrer Kreativität und ihrer Freude an der Selbstdarstellung. Und das Publikum profitiert in jedem Fall.

Wer herausfindet, für welchen Typ sein Herz wirklich schlägt, kennt sowohl die Kommunikationssituationen, die ihm geradezu auf den Leib geschnitten sind, als auch die, die kein Heimspiel sind. Nichtsdestotrotz kann man sich auch für Auswärtsspiele fit machen.

Wer herausfinden will, wo seine persönliche Stärke liegt, muss sich selbst beobachten. Der Blick sollte dabei nicht nur auf der Schokoladenseite ruhen, sondern auch verborgene Wünsche und schlummernde Sehnsüchte einbeziehen. So kommen oft unerwartete Talente zum Vorschein. Denn wer hätte gedacht, dass die für ihre gute Struktur bekannte und geachtete

Leiterin plötzlich so aufdrehen konnte, als es um die diesjährige Tombola ging. Mit viel Witz und Charme stürzte sie sich ins Getümmel und brachte die Stimmung zum Sieden.

## Welche Gesprächssituationen liegen mir?

Menschen unterscheiden sich auch hinsichtlich geliebter und ungeliebter Gesprächssituationen. Die einen fühlen sich im vertrauten Kontext besonders wohl. Sie benötigen das bekannte Team im bekannten Besprechungszimmer, um die notwendige Betriebstemperatur zu erreichen. Dann aber blühen sie auf und stellen mit viel Enthusiasmus ihr Wissen und ihre kommunikative Kreativität zu Verfügung. Auf alles Neue reagieren sie eher abwartend und etwas unterkühlt. Wenn sie die Wahl haben, verzichten sie gerne darauf, das Erstgespräch mit den neuen Eltern zu führen. Sie schauen sich zunächst lieber an, wie der Hase läuft und greifen erst später ins Geschehen ein.

Andere lieben die Abwechslung. Alles Neue macht sie munter. Durch Veränderungen werden ihre Gedanken angeregt und ihre Kreativität aktiviert. Neues ist spannend. Vertrautes ist nett, aber letztendlich nicht wirklich aufregend.

Viele Menschen bevorzugen den kleinen Kreis, das Gespräch unter vier Augen, die Intimität einer überschaubaren Gruppe. Hier können sie sich anvertrauen, werden mutig und verlieren ihre Zurückhaltung. Anderen verursacht genau diese Intimität ein mulmiges Gefühl. Sie schätzen die Anonymität der Masse, genießen die schillernden Möglichkeiten, die eine große Gruppe ihnen bietet.

Wer sich diese persönlichen Vorlieben bewusst macht und dazu steht, verschafft sich innere Sicherheit und entwickelt mehr Verständnis für die eigene Befindlichkeit in bestimmten Gesprächssituationen.

## Was sind meine Kraftquellen?

Ein weiteres Merkmal des eigenen Stils sind die inneren Kraftquellen, aus denen wir schöpfen. Manche Menschen bekommen Kraft aus ihrer Dynamik. Für sie ist die ständige Bewegung, der kräftige Fluss des Geschehens, ein wahres Lebenselixier. Hält man diese Menschen in Kommunikationssituationen dazu an, sich zurückzunehmen, ihre Gestik und Mimik in ein ruhigeres Fahrwasser zu bringen und mit systematischer Überlegtheit zu überzeugen, beraubt man sie ihrer Energiezufuhr. Ihre Rede wird ermüdend und anstrengend für alle Beteiligten. Diese Menschen benötigen Bewegungs- und Gestaltungsfreiheit. Sie reden gerne im Stehen und sind bei einer Präsentation ständig unterwegs zwischen den verschiedensten Medien. Sie sind in Bewegung und beleben sich selbst durch immer neue Gedanken und Ideen. An ihr vorbereitetes Konzept halten sie sich nur selten. Um so viel Dynamik lenken zu können, müssen sie für gute Erdung sorgen. Wer hier nicht immer wieder mit beiden Beinen fest auf der Erde steht, verschießt sein Pulver und wird sich mit der Zeit verausgaben.

Andere leben nach dem Grundsatz „In der Ruhe liegt die Kraft!“. Ihre gesamte Körpersprache ist ruhig und gelassen. Sie erzielen Aufmerksamkeit durch die starke Konzentration, die von ihnen ausgeht. Ein Blick reicht aus, um dem Gesagten den nötigen Nachdruck zu verleihen. Eine kleine, aber feine Handbewegung erzeugt große Intensität. Für solche Menschen ist die Forderung vieler Rhetorikschulen Gift, doch ihre Hände engagierter zu benutzen, aktiver zu präsentieren und lebendiger zu agieren. All das würde hektisch und nervös wirken, ihre Gedanken zerfleddern und ihr Erscheinungsbild verlöre an Stimmigkeit. Da sie sich durch eine aufgezwungene Dynamik zusätzlich von ihrer wichtigsten Kraftquelle entfernen, wäre ihre Kondition bald am Ende. Allerdings birgt auch die Ruhe ihre Gefahren. Das Feuer kann erlöschen. Etwas Schwung belebt die Situation wieder und hilft, die vorgestellten Ideen mit Leichtigkeit zu den GesprächspartnerInnen hinüber zu tragen.

Wer sich den eigenen Stil bewusst macht, kann seine Präsentationsfähigkeit optimieren und weiß dann auch, wie er gegensteuern kann, wenn tatsächlich einmal die Balance abhanden kommt. Den eigenen Stil zu finden, ist eine lohnenswerte und spannende Aufgabe. Der Blick nach innen führt dabei sicherer zum Ziel als die Orientierung im Außen. Was hilft es einem eher ruhigen und besonnenen Typ, sich an einer Kollegin zu orientieren, die bei allen kommunikativen Veranstaltungen vor Dynamik nur so sprüht? Lassen wir uns also nicht von außen vorschreiben, wie wir uns zu geben haben. Unser Körper, unsere Seele, unser Geist wissen am besten, wo der Weg lang geht. Die Herausforderung liegt darin, diesen Weg nicht immer wieder zu verhindern. Die Suche nach dem eigenen Stil ist weniger ein Weg des Aneignens, als viel mehr ein Weg des Ausgrabens und Wiederentdeckens.

# 3 Argumente gut aufbauen

Selbstbewusstsein, Klarheit über die eigenen Erwartungen und den stimmigen Stil bilden eine solide Basis für erfolgreiche Überzeugungsarbeit. Durch einen geeigneten Argumentationsaufbau verleihen wir unserem Auftritt den letzten Schliff. Oft bilden unsere Gedanken automatisch eine nützliche Struktur aus. Dennoch hier einige Tipps und Hinweise zur sinnvollen Gestaltung der Argumente.

## 3.1 Die Elemente eines guten Arguments

Argumente sind im Überzeugungsprozess das Herzstück der Darstellung. Sie sind die Schiffe, die auf dem Meer einer guten Gesprächsbeziehung kreuzen, neue Buchten erschließen, die bestmöglichen Routen finden wollen und so den Horizont erweitern. Gut aufgebaute Argumente haben viele Elemente, die aufeinander abgestimmt werden wollen. Dabei gilt der Grundsatz, dass ein überzeugendes Argument mehr sein muss als eine bloße Behauptung.

„Der neue Spielplatz ist für die Kinder eine Zumutung!" Dieser Satz mag in unseren Augen richtig oder falsch sein, er wird aber auch durch mehrfaches Wiederholen oder durch Nachdruck in der Stimme nicht mehr als eine Behauptung. Als orientierendes Meinungsbild am Ende einer Diskussion fasst ein solcher Satz die Essenz einer Meinung kurz und knapp zusammen. Für den Überzeugungsprozess als Ganzem ist mit einer solchen Behauptung nicht viel gewonnen. Mit solchen Sätzen sagen wir, was wir denken. Wir sagen aber nicht, warum wir so denken, wie wir denken. Wer GesprächspartnerInnen überzeugen will, muss darüber informieren, was ihn dazu bewegt, eine bestimmte Meinung zu vertreten. Die GesprächspartnerInnen müssen nachvollziehen können, was sie davon haben könnten, wenn sie unserer Ansicht folgen.

Wenn wir uns auf Behauptungen beschränken, verschenken wir einen großen Teil unserer Wirkungsmöglichkeit. Viele Diskussionen, insbesondere im Fernsehen, sind genau von diesem Diskussionsstil geprägt. Es hilft daher nicht, von den „Großen" abzuschauen. Der Aufbau eines guten Arguments besteht aus verschiedenen Teilen, die im Folgenden dargestellt werden. Es lohnt sich, diese Grundmuster einzuüben.

## Behauptung

> „Die Erweiterung unseres pädagogischen Angebotes durch einen wöchentlichen Waldtag hilft, die Zukunft unserer Einrichtung zu sichern."

Mit der Behauptung wird der Ausgangspunkt der Argumentation klargelegt. Man ist z. B. mit einem Sachverhalt, einer Verhaltensweise oder der Entwicklung eines Projektes sehr oder gar nicht zufrieden, sieht Handlungsbedarf oder möchte sich in aller Klarheit abgrenzen. All das wird dann in einer knappen Form geäußert.

## Begründung

> „Je facettenreicher unser Angebot, desto attraktiver ist unsere Einrichtung für Kinder und ihre Eltern."

Nun sollte diese Behauptung auch begründet werden, denn erst so wird sie farbig und lebendig. Die Begründung macht eine Behauptung für die GesprächspartnerInnen nachvollziehbar, ein wichtiger Schritt im Überzeugungsprozess. Die Nachvollziehbarkeit erhöht sich, wenn die Gründe auch aus der Sicht der GesprächspartnerInnen für die Behauptung sprechen. Durch diese Form der Personenorientierung entstehen Brücken, die zum Erfolg der Überzeugungsarbeit beitragen. Hieran wird deutlich, dass sich Interesse an den Ansichten des Gegenübers auszahlt.

## Belege

> „Vergleichbare Initiativen in anderen Städten belegen dies."

Belege und Beweise für die Begründung erhöhen die Überzeugungskraft eines Argumentes. Zahlen sind dabei nicht die einzigen Belege für die Richtigkeit und Schlüssigkeit eines Argumentes. Klare Gedankengänge, logische Schlussfolgerungen und anschauliches Erfahrungswissen haben mitunter eine ebenso hohe Beweiskraft. Außerdem ist die Beweiskraft von Zahlen und Statistiken oft geringer als ihr Ruf. Zweifel und kritische Nachfragen sind hier sicher oft angebracht. Erst nach genauer Prüfung sollten wir uns von Zahlenspielen beeindrucken lassen.

## Beispiele

> „So hat zum Beispiel der Kindergarten in Schmetterlingsheide seit der Einführung von Waldtagen eine deutliche Steigerung der Anfragen verzeichnen können.“

Durch gut gewählte Beispiele wird ein Argument anschaulich. Wenn sie aus der Erfahrungswelt der GesprächspartnerInnen entspringen, bewirken sie am meisten. Die Vorbereitung einer Diskussion oder eines Vortrags schließt also mit ein, sich Gedanken über die GesprächspartnerInnen zu machen. Hier ist Personenorientierung gefragt.

Gute Beispiele rufen bei den ZuhörerInnen Bilder und Emotionen auf den Plan, die die Argumentation unterstützen und glaubwürdig machen. Werden viele Beispiele aneinander gereiht, verlieren sie oft ihren Beispielcharakter und wirken verwirrend. Auch hier ist weniger oft mehr!

## Schlussfolgerung

> „Deshalb sollten wir uns für die Einführung von Waldtagen in unserer Einrichtung einsetzen!“

Mit Behauptung, Begründung, Belegen und Beispielen lassen sich Bedingungen schaffen, die die Argumentation geradezu stromlinienförmig auf die Schlussfolgerung zulaufen lassen. Dabei besteht die Gefahr, dass die Schlussfolgerung so selbstverständlich und geradezu banal erscheint, dass wir ganz vergessen, sie zu formulieren. „Das ist doch eh klar!“ denkt man sich und verschenkt so einen wichtigen Teil der überzeugenden Wirkung. Die Schlussfolgerung sollte kurz und knapp die Essenz unserer Argumentation enthalten.

## 3.2 Kriterien für gute Argumente

Damit Argumente ihre ganze Überzeugungskraft entwickeln können, sollten sie in einer ansprechenden Form dargestellt werden. Sie sollten verständlich, anschaulich, personenorientiert und stichhaltig sein.

### Verständlichkeit

GesprächspartnerInnen müssen die vorgebrachten Argumente verstehen, damit sie sich mit ihnen auseinander setzen, sie prüfen und sich im besten Fall überzeugen lassen können. Mit den folgenden Mitteln erhöht sich die Verständlichkeit unserer Argumente.

Alles klar?

## Fremdwörter vermeiden

Fremdwörter bergen die Gefahr, dass das Gegenüber sie nicht oder nicht so versteht, wie sie gemeint sind. Verständigung ist zwar nicht gleich unmöglich, aber die ZuhörerInnen verbringen zuviel Zeit damit, das Gesagte zu entziffern. Ihre Aufmerksamkeit ist dann geteilt und während sie noch mit dem Verstehen beschäftigt sind, überhören sie möglicherweise weitere Informationen.

## Fachausdrücke erklären

Wenn GesprächspartnerInnen nicht vom Fach sind, behindern Fachausdrücke die Verständigung ebenso wie Fremdwörter. Für ein fachfremdes Publikum sind sie ein Buch mit sieben Siegeln. Gerade da, wo wichtige Informationen transportiert werden sollen, kommt beim Gegenüber möglicherweise eine Nullmeldung an. Noch schwieriger sind Fachausdrücke, die in der Alltagssprache als Begriff existieren, allerdings mit einem anderen Sinn. Hier tritt Verwirrung ein, da das Gegenüber zu verstehen glaubt und damit in die Irre läuft.

Wer sich als Fachkraft profilieren will, greift gern auf Fachausdrücke, Fremdwörter oder eine Insidersprache als Mittel zu Selbstdarstellung zurück. Das geht jedoch häufig auf Kosten der inhaltlichen Verständigung.

## Abkürzungen aufschlüsseln

Abkürzungen, insbesondere wenn sie aus der Berufsroutine heraus undeutlich ausgesprochen werden, können häufig nicht schnell genug entschlüsselt werden. Wenn Abkürzungen gleich beim ersten Auftreten erklärt werden, müssen wir nicht ganz auf unsere gewohnte Sprache verzichten.

## Laut und deutlich sprechen, gut artikulieren

Wer andere überzeugen will, sollte sich auch als DienstleisterIn verstehen, deren Aufgabe es ist, laut und deutlich zu sprechen. Die Zuhörenden sollten sich nicht anstrengen müssen. Eine laute und klare Aussprache ist ein Service für das Publikum. Es sollte uns daher nicht schrecken, die Stimme zu erheben.

## Überschaubare Sätze

Die gesprochene Sprache ist – ohne deshalb an Schönheit zu verlieren – einfacher gestrickt als die geschriebene. Kurze Sätze sind ein Element der gesprochenen Sprache. Während man beim Lesen Schachtelsätze in all ihrer Kunstfertigkeit gut überblicken kann, fällt diese Orientierung beim Zuhören oft schwer. Beim Lesen gibt es immerhin den Rückwärtsgang. Dagegen müssen gesprochene Sätze auf Anhieb verstanden werden. Deshalb sollten sie kurz und klar sein. Auch für die Sprechenden selbst sind kurze Sätze vorteilhaft, denn sie sind im wahrsten Sinne des Wortes mundgerechter. Man behält den Überblick und kommt nicht so leicht ins Stolpern.

## Klare Gliederung

Durch eine klare Gliederung erhalten die ZuhörerInnen eine Orientierung, die das Verstehen deutlich erleichtert. Dabei muss die Gliederung nicht immer nach außen sichtbar gemacht werden – „Soweit meine Einleitung, jetzt kommt mein Hauptteil …". Auch muss nicht jeder Sachverhalt in ein „Erstens …, zweitens …, drittens …" aufgeteilt werden. Die innere Ordnung sollte dem Sprechenden allerdings klar und bewusst sein, damit sie nach außen durchscheinen kann.

Informationen sollten in einer logischen oder chronologischen Ordnung stehen. Man kann sich auch vom Allgemeinen zum Besonderen vorarbeiten oder andersherum verfahren. Je nach Thema bieten sich bestimmte Gliederungsvarianten an. So ist die kleine Rede zum Kindergartenjubiläum sicher gut in einem chronologischen Aufbau aufgehoben. Mit etwas Kreativität lassen sich viele interessante Möglichkeiten finden. Wichtig ist nur, dass uns die Gliederung bewusst ist und dass wir uns dann auch daran halten.

### Kurz und prägnant

Damit die klare Gliederung durchscheinen kann, sollten die Aussagen möglichst kurz und prägnant sein. Das hilft den GesprächspartnerInnen, sich beim Sprechen auf die Kernaussagen zu konzentrieren. Ein Telegrammstil ist allerdings auch nicht hilfreich. Die Faustregel lautet hier „Ein Gedanke – ein Satz". Wenn es uns immer wieder schwer fällt, kurz und prägnant vorzutragen, hat das möglicherweise folgende Gründe:

- Unklarheit über das, was wir sagen wollen. Dann ist es hilfreich zunächst die Kernaussagen zu finden und festzuhalten.
- Wir vermuten, dass wir nicht verstanden wurden. Daher drehen wir – sozusagen als Flucht nach vorne – schon einmal eine Ehrenrunde: „Doppelt hält besser!". Leider verwirren solche Versuche mehr als sie klären. Besser ist es, auf die Auffassungsgabe der Zuhörenden zu vertrauen und das Anliegen klar und prägnant vorzutragen.
- Wir ahnen, dass unsere Aussage Gegenwehr auslösen wird. Wortreich und oft unbewusst verwischen wir dann unseren klaren Gedanken. Vielleicht finden die Zuhörenden ja den kritischen Punkt nicht in dem Nebel, den wir auswerfen. Weitschweifigkeit dient also auch als ein Mittel zum Selbstschutz. Dennoch ist es sinnvoller, klar zu argumentieren und

darauf zu vertrauen, dass man eine kritische Auseinandersetzung bewältigen kann.

### Pausen

Um die Klarheit der Gliederung auch nach Außen treten zu lassen, sollten wir das Ende eines Abschnitts durch Pausen kenntlich machen. Unsere Sprache besteht aus dem Gesagten *und* den Zwischenräumen. Erst zusammen ergeben diese beiden Elemente den Rhythmus, den wir für wirkliche Verständigung benötigen. ZuhörerInnen benötigen Pausen, in denen sie unsere Gedanken prüfen, nachdenken und das Gesagte sacken lassen können. Wir selbst profitieren von Pausen, indem wir durchatmen und uns neu orientieren können. Meistens beginnen wir ganz automatisch mit dem nächsten Aspekt, lange bevor unsere GesprächspartnerInnen unruhig werden. Die innere Uhr aufgeregter RednerInnen geht in der Regel wesentlich schneller als die des gelassenen Publikums.

### Rhetorische Fragen zur Orientierung

> „Wie lautet also die Lösung des Problems? – Meiner Meinung nach haben wir nur folgende Möglichkeit …“
>
> „So weit die Nachteile neuer Öffnungszeiten. Welche Vorteile sind denn nun mit dieser Regelung verbunden? – Zum einen …“

Rhetorische Fragen, Fragen, die die Sprechenden selbst beantworten, sind ein geeignetes Mittel, um den Zuhörenden immer wieder eine Orientierung zu geben und Verständigung zu sichern. Wer selbst in turbulentes Fahrwasser gerät, kann ebenfalls von dieser Klarheit profitieren.

## Anschaulichkeit

Durch Anschaulichkeit werden die ausgesprochenen Gedanken in den Köpfen und Herzen derjenigen lebendig, die wir überzeugen wollen. Durch folgende Mittel werden Argumente anschaulich:

### Beispiele und Bilder

Kaum ein Mensch hat eine korrekte Vorstellung davon, wie lang acht Zentimeter sind. Wenn wir von einer Zigarettenlänge sprechen, verhilft dieses Bild dagegen schnell und leicht zu einer klaren Sicht der Dinge. So geht es mit vielen Bildern, die wir zur Veranschaulichung wählen können. Beim alljährlichen Rechenschaftsbericht ist eine Prozentangabe weitaus aussagekräftiger als die absolute Zahl. Durch Bilder und Beispiele erinnern sich ZuhörerInnen länger und deutlicher an unsere Aussagen.

Weil Beispiele und Bilder immer auch unsere Emotionen ansprechen, halten sie uns beim Zuhören wach. Die Aufmerksamkeit bleibt erhalten und so können Argumente besser wirken.

### Konkrete und authentische Sprache

Die Praxis zeigt: Je offizieller eine Redesituation ist, desto abstrakter wird die Sprache. Viele Menschen befürchten, dass ihre Alltagssprache nicht ausreicht, um die vertrauten Sachverhalte zu verdeutlichen. Also wählen sie die „Sonntagssprache". Aber damit verhält es sich wie mit dem Kostüm, das zu lange im Schrank hängt. Wenn es überhaupt noch passt, ist es meist ein bisschen angestaubt, manchmal auch unbequem, in jedem Fall aber ungewohnt. Damit verunsichern wir uns selbst und das wirkt sich auch nach außen aus. Die Argumente werden durch eine ungewohnte Sprache schwerer verständlich, man stolpert

Das ungewohnte Kostüm

über ungewohnte Ausdrücke oder verliert den Überblick über die Sätze. Wer auf die eigene Sprache vertraut, fühlt sich wohler und wirkt souverän. Auch die ZuhörerInnen müssen sich dann nicht so anstrengen, um komplizierte Satzstrukturen und Wortverbindungen zu entschlüsseln.

### Dialekt

Ein Aspekt der konkreten und authentischen Sprache ist der Dialekt, denn er enthält viele wichtige Signale, die die ZuhörerInnen auch emotional erreichen. Die meisten Menschen entwickeln in ihrer Muttersprache die größte Ausstrahlung. Das gilt auch für den Dialekt. Da es sich in der Alltagssprache oft nicht mehr um eine extreme Ausprägung von Dialekten handelt, ist die Verständlichkeit meistens gesichert. Das Problem liegt also nicht auf der Seite der Zuhörenden. Leider werten sich viele Menschen ab, wenn in offiziellen Gesprächssituationen ihr Dialekt hörbar wird. Bei dem Versuch, die Argumente in „richtiges" Hochdeutsch zu verpacken, bleibt die Lebendigkeit oft auf der Strecke und es wird für alle Beteiligten anstrengender.

Wenn die Selbstdarstellung im Vordergrund steht, kann Hochdeutsch manchmal sinnvoll und zweckdienlich sein. Von einer Professorin in ihrer Antrittsvorlesung wird dabei sicherlich anderes verlangt, als von der Leiterin der Kindertagesstätte, die ihre Kolleginnen für eine neue Idee begeistern will. Da Kommunikation auch Spaß machen darf, sollten wir uns auch bei der Auswahl unserer Sprache nicht zu sehr unter Druck setzen.

### Stimmmodulation

Die Sprache bietet eine ganze Reihe an Gestaltungsmöglichkeiten. Wer Kindern Märchen vorliest oder Geschichten erzählt, weiß genau was zu tun ist, damit das Gesagte plastisch wird. Durch betonte und unbetonte Passagen, durch den Wechsel von lauter und leiser Stimme oder durch Veränderungen im Sprechtempo gelingt es spielend, Spannung und Wirkung zu erzielen.

Im Kommunikationsalltag mit Erwachsenen fehlt es uns daher weniger an den sprecherischen Fähigkeiten als an der Erlaubnis, auf diese Fähigkeiten zurückzugreifen. Dabei reicht oft schon ein Bruchteil dessen, was in der Kommunikation mit Kindern längst zum Standardrepertoire gehört. Hier geht es also nicht um das Einüben weiterer Techniken, sondern um die Entscheidung, die Lebendigkeit unserer Sprache zuzulassen. Wenn wir uns auch emotional mit dem verbinden, was wir vermitteln wollen, wenn wir also fühlen, was wir sagen, gelingt die Stimmmodulation wie von selbst.

## Visualisierung

Auch die Vielzahl moderner Präsentationstechniken dient der Anschaulichkeit. Mit Plakaten, Folien, Pinwänden, Videoclips und Beamern eröffnet sich die bunte Welt des Infotainments. All diese Techniken möchten die Aufmerksamkeit der Zuhörenden auf das Thema lenken, sie daran hindern, abzuschweifen, im Mittagsloch zu versinken oder die Lust am Zuhören zu verlieren. Mit diesen Methoden können wir das Gesagte auf unterschiedlichsten Kanälen vermitteln und so die Chance erhöhen, dass unser Anliegen nicht nur verstanden, sondern auch erinnert werden kann.

Der Umgang mit diesen Medien will allerdings gelernt sein. Die richtige Auswahl und vor allem die richtige Dosierung ist für die positive Wirkung von entscheidender Bedeutung. Dabei ist die Arbeit mit Präsentationsmedien immer auch eine Frage des eigenen Stils. Während die einen beim Jonglieren mit Folien geradezu aufblühen, wirken andere überzeugend, wenn sie sich ganz auf ihre persönliche Ausstrahlung verlassen.

Wer mit Medien arbeitet sollte besonders auf die NN-Achse achten. Sowohl *N*ase als auch *N*abel sollten den Zuhörenden zugewandt sein. So vermeiden wir, über die kalte Schulter zu sprechen und das Publikum zu vergraulen.

Doch auch ohne technische Ausrüstung kann man viel zur Veranschaulichung des Gesagten beitragen, wenn man das, worüber man redet, einfach mitbringt. Um die Zuhörenden von der Qualität eines Spielangebotes zu überzeugen, sollten sie das neue Bausteinsortiment „begreifen" können. Der miserable Ausstattungszustand der Einrichtung kann verdeutlicht werden, indem im Gespräch mit dem Träger entsprechende Gegenstände auf den Tisch gelegt werden, die die Wirkung der Worte unterstreichen.

Mit etwas Fantasie lässt sich immer passendes Anschauungsmaterial finden, dass den Zuhörenden auf den unterschiedlichen Wahrnehmungskanälen (Fühlen, Sehen, Riechen, Hören, Schmecken) etwas zu bieten hat.

### Gestik und Mimik

Auch durch die Körpersprache wird das Gesagte veranschaulicht. Der Körper unterstützt das Gesagte dabei auf ganz natürliche und stimmige Weise durch passende Gestik und Mimik. Wer sich innerlich mit dem verbindet, was er sagen will, kann diesen Automatismus nutzen, ohne sich Gedanken machen zu müssen, mit welcher Geste oder welchem Augenbrauenschiefstand am deutlichsten Entschlossenheit signalisiert wird. Auch hier gilt, nichts zu tun, sondern alles zu lassen, was diesen Automatismus stört.

Leider versuchen viele Menschen, die natürlichen Impulse zu kontrollieren oder ganz zu unterbinden. Das mag für die Nachrichtensprecherin angehen, deren Rolle es verlangt, unterschiedlichsten Meldungen möglichst kommentarlos zu vermitteln, so dass sich jeder seinen eigenen Reim darauf machen kann. In allen anderen Gesprächssituationen schränkt eine so strenge Zurückhaltung der Körpersprache die positive Wirkung des Gesagten eher ein.

Um die Anschaulichkeit des Gesagten zu erhöhen, sollten wir unsere Gestik und Mimik zulassen. Die Kunst liegt hier also nicht im Tun, sondern im Lassen.

Anders ist es beim Blickkontakt. Hier lässt sich viel tun, um die Wirkung zu erhöhen. Der Blickkontakt ist wie eine Leitung, auf der die Worte zu den GesprächspartnerInnen hinüber wandern. Wer sich jedoch in seiner Haut nicht wohl fühlt, blickt zur Decke oder zum Boden, um den Kontakt zum Gegenüber zu vermeiden. Manchmal bietet sich auch ein Fenster an, um zumindest mit den Augen der unangenehmen Situation zu ent-

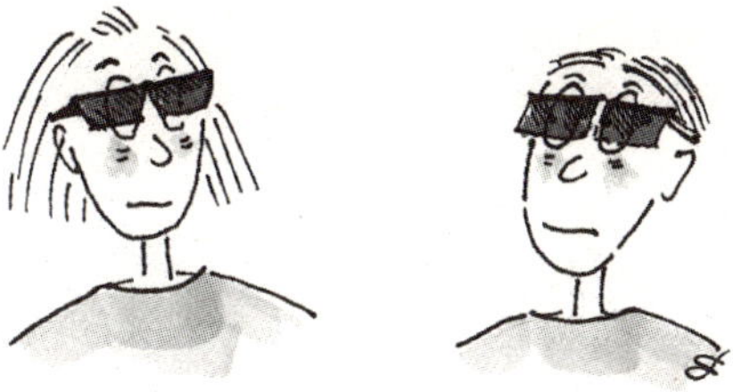

Wir reden jetzt ganz offen ...

kommen. Manche Menschen scheinen zu befürchten, dass andere durch einen zugewandten Blick Einsicht nehmen könnten in die eigene unangenehme Gefühlslage. Also kappen wir den Kontakt – auf Kosten einer positiven Wirkung.

Auch wenn es schwer fällt: Es lohnt sich, den Mut aufzubringen und das Gegenüber in Augenschein zu nehmen. Nur wer hinguckt, erkennt die Reaktionen der ZuhörerInnen auf das Gesagt und nimmt wahr, dass es auch positive Resonanzen gibt.

## Personenorientierung

Um ein Anliegen verständlich und anschaulich vorzutragen, müssen wir etwas über die GesprächspartnerInnen wissen. Wer Beispiele, Sprachebene und Aufbau der Argumente auf das Gegenüber abstimmt, macht es leichter, das Gesagte zu verstehen und sich davon überzeugen zu lassen. Folgende Aspekte können wichtige Informationen enthalten:

### Alter, Geschlecht, Beruf, Lebenssituation

Diese Punkte geben Hinweise auf die Erfahrungswelt der Zuhörenden. Für KollegInnen aus dem sozialpädagogischen Fachbereich sind andere Beispiele erforderlich als für die breite Öffentlichkeit. Junge Menschen sprechen und verstehen oft eine andere Sprache als Ältere. Alleinstehende haben andere Interessen als Familienfrauen.

### Aktueller Kontext der Zuhörenden

Ist das Gremium, dem die Pläne vorgestellt werden sollen, gerade zeitlich unter Druck? Werden die Eltern gerade sehr häufig um Mithilfe gebeten? Halten wir bei einer Tagung die zehnte Rede ohne Pause oder befindet sich die gesamte Gruppe im Mittagsloch? Oder sind die Zuhörenden erholt und voller Vorfreude, weil es gleich los geht? All das sollte den Aufbau von Argumenten und das sprecherische Auftreten mitbestimmen.

### Aktuelle Interessen der Zuhörenden

Warum sind die ZuhörerInnen gekommen? Führt sie ihr Interesse am Thema hierher oder handelt es sich um eine Pflichtveranstaltung, bei der man sich nun mal sehen lassen muss, wenn man den Ruf als engagierter Elternteil nicht aufs Spiel setzen will? Wollen unsere GesprächspartnerInnen etwas bewegen oder können sie sich nur einfach nicht ihrer Pflicht entziehen? Wer sich Gedanken darüber macht, verschafft sich Klarheit und lässt sich von den Reaktionen auf das Gesagte nicht so leicht verunsichern.

### Wertvorstellungen und persönliche Erfahrungen

Es ist gut, das Wissen über Wertvorstellungen und persönliche Erfahrungen der jeweiligen GesprächspartnerInnen zusammenzutragen. Mit etwas Einfühlungsvermögen kann man vieles erschließen. Allerdings sollten wir dabei behutsam sein. Eine christliche Frauengemeinschaft *kann* zu unserem Thema eine ganz andere Einschätzung haben als eine feministische Arbeitsgruppe – *muss* aber nicht. Daher sollten wir unsere Vermutungen im direkten Gespräch überprüfen.

### (Vor-)Urteile der GesprächspartnerInnen

Möglicherweise hat unsere Einrichtung bei den Mitgliedern des Gremiums einen schlechten Ruf. Wir gelten vielleicht als unprofessionell oder als zu fortschrittlich. Wer in einem solchen Kontext überzeugen will, muss sicherlich andere Strategien wählen als bei einer Elternschaft, die hinter dem Konzept der Einrichtung steht. Themen, auf die man sich zusammen mit den GesprächspartnerInnen freuen kann, haben ebenfalls von Anfang an eine andere Dynamik als Themen, die für mindestens eine Seite schwierig oder konfliktbeladen sind.

### Erwartungen und Befürchtungen

Auch die Erwartungen und Befürchtungen der ZuhörerInnen wirken sich auf deren Bereitschaft aus, der vorgestellten Argumentation zu folgen. Wer sich hier schon im Vorfeld schlau macht, kann ruhiger an den Überzeugungsprozess herangehen.

### Stichhaltigkeit

Zwei Aspekte bestimmen die Stichhaltigkeit eines Argumentes. Zum einen müssen Faktenlage und logischer Aufbau richtig sein. Zum anderen muss das Gesagte für die Zuhörenden gewichtig, das heißt bedeutsam sein. Dass der Tag für das ErzieherInnenteam geordneter abläuft, wenn alle Kinder um neun Uhr in der Tagesstätte sind, mag für alle gleichermaßen richtig sein. Für eine Mutter, deren Hauptziel es ist, die Organisation der eigenen Familie zwischen Tagesstätte, Schule und eigener

Berufstätigkeit zu bewältigen, hat der geordnete Tagesablauf im Team in der Regel weniger Gewicht. Für sie sind Argumente in Richtung auf mehr Pünktlichkeit nicht wirklich stichhaltig. Wer hier überzeugen will, muss nach anderen Argumenten suchen.

Wer GesprächspartnerInnen gut einschätzen kann, lässt sich von möglichen Reaktionen nicht mehr so leicht überraschen und nimmt nicht alles persönlich. Nach einer dreistündigen Diskussion ist die Gesprächsrunde müde, ohne dass es an unserer fehlenden Ausstrahlung liegt. Wenn Eltern über eine Entscheidungen des Trägers verärgert sind, bläst uns auch unabhängig von unserem Auftreten ein starker Wind entgegen. Mit dem Wissen um mögliche Hintergründe einer Situation kann man das Gespräch schneller und zielgenauer in die richtige Richtung lenken.

## 3.3 Der Dreischritt der Argumentation

Wenn die innere Haltung zum Geschehen stimmt und die Inhalte der Argumente richtig gewählt sind, fehlt noch der Feinschliff an der Form. Der Dreischritt der Argumentation ist eine einfache und vielseitige Technik zum Aufbau einer guten Argumentation. Dazu ein Beipiel:

In der Teamsitzung wird über die Erweiterung das Sandkastenbereiches diskutiert. Eine Erzieherin verfolgt das Hin und Her der Gedanken und will sich nun auch selbst mit ihren Ideen einbringen. Sie nimmt sich mit ihrer Aufmerksamkeit etwas zurück und plant ihren Argumentationsaufbau. Zunächst legt sie ihre Forderung kurz und knapp fest. Der sogenannte Zwecksatz benennt die Essenz ihres Argumentes:

„Ich plädiere für eine deutliche Erweiterung des Sandkastenbereiches!“

Anschließend überlegt sie sich die Begründung für ihren Zwecksatz:

„Der Sandkasten wird von vielen Kindern immer wieder gerne angenommen. Sie machen dort eine Vielzahl wichtiger Erfahrungen und üben mit viel Leichtigkeit soziales Verhalten ein. Leider ist die Fläche, die den Kindern bisher zur Verfügung steht, sehr knapp bemessen. Immer wieder steigen Kinder aus dem gemeinsamen Spiel aus, weil es ihnen zu eng ist.“

Schließlich sucht sie nach einer Möglichkeit, die Aufmerksamkeit der TeamkollegInnen auf ihr Argument zu lenken. Dafür benötigt sie einen Ohröffner. Hier ist Kreativität gefragt. Grundsätzlich ist alles geeignet, was die Zuhörenden wohlwollend und interessiert aufhorchen lässt. In diesem Fall – einer im Grunde ganz lebendigen Teamdiskussion – reicht vielleicht schon ein Einstieg, der an etwas Bekanntes, zum Beispiel an einen früheren Aspekt der gemeinsamen Diskussion anschließt:

„Wir haben bereits über die Vorlieben der Kinder beim Spielen im Außenbereich gesprochen.“

Nachdem die Planung abgeschlossen ist, ergreift sie das Wort, um ihre Argumentation einzubringen. Dies geschieht in umgekehrter Reihenfolge wie die Planung.

1. Schritt: „Wir haben bereits über die Vorlieben der Kinder beim Spielen im Außenbereich gesprochen.“

2. Schritt: „Der Sandkasten wir von vielen Kindern immer wieder gerne angenommen. Sie machen dort eine Vielzahl wichtiger Erfahrungen und üben mit viel Leichtigkeit soziales Verhalten ein. Leider ist die Fläche, die den Kindern bisher zur Verfügung steht, sehr knapp bemessen. Immer wieder steigen Kinder aus dem gemeinsamen Spiel aus, weil es ihnen zu eng ist."

3. Schritt: „Daher plädiere ich für eine deutliche Erweiterung des Sandkastenbereiches!"

Die Form des Dreischritts sieht also folgendermaßen aus:

| | |
|---|---|
| Einstieg | Wie öffne ich die Ohren meiner ZuhörerInnen? |
| Begründung | Warum will ich das? |
| Zwecksatz | Was will ich? |

Im Alltag argumentieren wir oft in einer anderen Reihenfolge. Wir sagen zunächst, was wir wollen (das entspricht dem Zwecksatz), um dann unsere Begründung anzuhängen. Der Dreischritt der Argumentation verändert diese „normale" Reihenfolge bewusst und zwar aus folgenden Gründen: Wenn der Zwecksatz am Schluss steht, erzeugt das bei den Zuhörenden Spannung. Diese Spannung sorgt dafür, dass das Gegenüber die gesamte Begründung verfolgt, um schließlich die Schlussfolgerung zu hören. Wenn die Forderung dagegen schon am Anfang kommt, besteht die Gefahr, dass vor allem Andersdenkende nicht mehr zuhören, denn sie nutzen die Zeit, um schon mal nach Gegenargumenten zu suchen.

Durch die vorgeschlagene Reihenfolge steht das Wichtigste am Schluss und bleibt so besser in der Erinnerung. Die Praxis zeigt ganz eindeutig, dass ein klarer Zwecksatz am Ende die Wahrscheinlichkeit erhöht, dass sich jemand auf dieses Argument bezieht. Und das ist eine wichtige Station im Überzeugungsprozess.

Mit dem Zwecksatz wird ein Schlusspunkt gesetzt. Wer den Zwecksatz ein wenig betont oder lauter ausspricht, signalisiert dem Gegenüber, dass der Beitrag nun abgeschlossen ist. Der Spannungsbogen kommt zu einem guten Schluss. Dadurch wird auch sogenannte Nachplappern verhindert, das vielen gern über die Lippen kommt, die nicht an ihre Überzeugungskraft glauben. Da Nachgeschobenes oft nur die zweite Wahl ist, verlieren Argumente ihr Profil und wirken wenig überzeugend. Also sollte nach dem Zwecksatz Schluss sein.

# 4 Vorbereitung auf mehreren Ebenen

Nachdem nun der eigenen Standpunkt geklärt und die Argumentation gut aufgebaut ist, sollten wir auch die anderen Ebenen nutzen, die uns bei einem überzeugenden Auftreten in Kommunikationssituationen unterstützen können. Körper, Gedanken und Emotionen sind miteinander verbunden und können sich gegenseitig unterstützen, wenn sie in Balance sind.

## 4.1 Angst macht eng – die körperliche Ebene

Angst und Unwohlsein setzen sich in der Muskulatur als Anspannung oder Verspannung ab. Bewegungen verlieren ihre Geschmeidigkeit. Steifheit und Enge bestimmen das gesamte Erscheinungsbild. Angst macht eng und in der Enge staut sich Aufregung zu immer mehr Angst. Ein Teufelskreis, der nur dadurch unterbrochen werden kann, indem wir loslassen und den Energiefluss so weit wie möglich zulassen. Auf der körperlichen Ebene können wir dafür sorgen, möglichst entspannt und durchlässig in Gesprächssituationen hineinzugehen.

## Erdung

### Im Stehen

Ein guter Stand erdet. Wir stehen hüftbreit in leichter Schrittstellung, die Knie gelöst, das Gewicht gleichmäßig auf beide Füße verteilt, so dass es ohne Anspannung möglich ist, das Gewicht nach vorne und hinten zu verlagern. Die Gelenke sollten dabei nicht „einrasten".

Sprechen ist ein dynamisches Geschehen, das immer mit Bewegung verbunden ist. Der Körper muss bereit sein, die Bewegungsimpulse aufzunehmen und umzusetzen. Auf einem gut geerdeten Unterkörper kann sich der Oberkörper frei aufrichten. Die Arme sollten in angemessener Spannung gelassen und frei am Körper liegen, so dass sie die inneren Impulse in eine angemessene Gestik wandeln können. Dies geschieht, ohne dass wir dazu etwas tun müssten. Der Kopf liegt ebenfalls frei auf der Wirbelsäule. Durch eine solche Haltung entsteht die Weite, die wir für unser Vorhaben benötigen.

Eine gute Grundhaltung ist mit einem Fesselballon vergleichbar, der in seinem oberen Bereich über Ausdehnung und Bewegungsfreiheit verfügt und durch das Gewicht am unteren Ende nie die Orientierung verliert.

### Im Sitzen

Wer wie bei einer Teambesprechung im Sitzen redet, verfährt nach dem gleichen Grundmuster. Der Hauptkontakt zur Erde läuft dabei über die Sitzhöcker, über denen sich der Oberkörper frei aufrichten kann. Eine kleine Bewegung des Beckens nach vorne und hinten verhindert das „Einrasten". Die Beine sind hüftbreit und parallel ausgerichtet, die Füße stehen in einer leichten Schrittstellung auf dem Boden, so dass ein Fuß etwas unter dem Stuhl steht, der andere vorgeschoben ist. Beide Füße sind leicht belastet. Diese Haltung gewährleistet Erdung und Flexibilität auch im Sitzen.

## Atmung

Ein geerdeter Stand schafft die Basis für eine gute Atmung, und Atmung ist wiederum die Voraussetzung für gute Kommunikation. Inspiration ist der Fachausdruck für Einatmung. Und tatsächlich zeigt die Praxis, dass jedem Blackout auch eine angespannte Atmung vorangeht. Es ist, als ob der Atem auch unsere Gedanken belüftet.

Jeder Mensch hat sein eigenes Atemmuster, bedingt durch sein ganz individuelles Gewordensein. Bei kleinen Kindern kann man noch sehr gut beobachten, wie sich die Lebensenergie mit der Atmung im Körper verteilt. Der ganze Körper ist an diesem Geschehen beteiligt. Ebenso ist der ganze Körper auch beim Weinen oder Lachen vollständig einbezogen. Bis wir erwachsen sind, haben wir als Reaktion auf unsere Realität oft den Atem angehalten, manchmal bis hin zu einer chronischen Verspannung des Zwerchfells. Durch unsere Atmung können wir die Intensität unseres Fühlens beeinflussen.

Atem ist Leben. Aufregung führt spontan zu einer Intensivierung der Atemtätigkeit. Das Herz schlägt kräftiger und manchmal breiten sich Vibrationen im Körper aus. Alles ist energetisiert. Im günstigsten Fall genießen wir dieses Gefühl von Schmetterlingen im Bauch. In Sprechsituationen ist vielen Menschen diese Aufregung und der damit verbundene Energiezuwachs unangenehm. Sie befürchten, die Kontrolle zu verlieren. In solchen Momenten legen viele einen inneren Schalter um, indem sie die Atmung einschränken und damit auch die Körperreaktionen kontrollieren.

Allerdings führt die Anspannung der Muskulatur, mit der wir unsere Atmung in aufregenden Momenten kontrollieren, zu einer Verengung des Atemraums. Dann schlägt das Herz nicht nur kräftiger, sondern auch in einem kleineren Raum. Und manchmal schlägt es uns bis zum Hals.

Letztendlich schränken wir durch die Kontrolle der Atmung auch unsere Kreativität ein. Spontaneität, die auf innerer Freiheit basiert, bekommt nicht genügend Kraft und Energie. Die Aufregung ist zwar weniger spürbar, aber wir haben mit der Atmung auch andere belebende Impulse heruntergefahren, die uns dann zur Unterstützung unserer Rede fehlen.

Durchatmen ist daher eine guter Tipp für die letzten Minuten vor dem Auftritt. Bei einem Vortrag, in der Teamsitzung oder während eines Elternabends sollten wir uns immer wieder auf die Atmung konzentrieren: tief durchatmen, sich innerlich zurücklehnen, entspannen und wieder tief atmen. So entsteht immer wieder ein Kontakt zur inneren Lebendigkeit und Kraft. Die Erlaubnis, aufgeregt zu sein, ebenso wie das Vertrauen, die ersten Minuten des Zitterns und Vibrierens souverän durchzustehen, sind dabei eine Grundvoraussetzung.

Wem es gelingt, sich vor dem Auftritt den Rücken frei zu halten, schafft sich den notwendigen Raum, um in Ruhe aufgeregt sein zu können. Vor allem bei Elternabenden bedeutet das, sich beherzt abzugrenzen. Denn kurz bevor es los geht, wollen viele noch einmal schnell etwas: ein kleines Dankeschön überreichen, nach der Entwicklung des Kindes fragen, einen Termin abklären, die Organisation des Ausflugs absprechen und vieles mehr. Deshalb ist es ratsam, sich einen Raum zum Durchatmen zu verschaffen. Kommunikationswünsche können auf später verschoben werden. Wir sollten uns aktiv Rückzugsmöglichkeiten erhalten. Auch verschiedene Atemübungen tragen zum Gelingen bei.

## Stimme

Wenn unsere Stimme mit uns verbunden ist, stimmt sie. Sie ist stimmig in Bezug auf uns selbst und zu dem, was wir zu sagen haben. Wir sind gut gestimmt. Vieles wird über die Stimme transportiert. Die beste Wirkung wird durch eine unverstellte Stimme erzielt. Wenn wir eine hohe Stimme haben, wird genau diese Stimme unser Gegenüber am intensivsten erreichen. Eine leise Stimme ist nicht schlechter als eine laute. Auch wenn eine Megafonstimme sehr praktisch für viele Redesituationen ist, hat die leise Stimme die größte Schwingung, wenn sie nicht „hochgedreht" wird. Wer eher leise spricht, sollte nicht vor einem Mikro zurückschrecken. Oft hilft auch eine veränderte Sitzordnung weiter, so dass alle das Gesagte verstehen können.

Viele Menschen manipulieren ihre Stimme im Laufe des Lebens. Um uns Gehör zu verschaffen werden wir laut, um uns zurückzunehmen werden wir leiser, um freundlicher zu wirken legen wir uns eine hohe Stimme zu, um Wichtigkeit zu betonen legen wir sie tiefer. Wer seine natürliche Stimme wieder entdecken will, sollte sich zu einer Stimmarbeit entschließen, die eine sensible und professionelle Begleitung erfordert.

Auch die Aufregung kann sich auf die Stimme legen, vor allem, wenn wir sie uns nicht erlauben. Wer mit zusammengebissenen Zähnen den Atem angesichts der bevorstehenden Redesituation anhält, engt auch die Stimme ein. Eigentlich will sie mit aller Kraft den Körper verlassen und hörbar werden, aber ein innerer Zweifel tritt auf die Bremse. Ein strenger Zensor hält den Deckel drauf und so trifft die aufsteigende Stimme im Hals auf eine große Enge. Der Frosch im Hals und ein ständiges Räuspern sind die Folge. Sprechen wird dann sehr anstrengend und manche müssen befürchten, dass ihre Stimme ganz versagt. Anhaltende Überanstrengung der Stimme kann zu chronischer Heiserkeit führen. Auch hier liegt die Lösung wieder in der

Selbstannahme. Nicht erhöhter Druck sondern die innere Erlaubnis, Fehler zu machen, stärkt die Stimme. Auch hier kann professionelle Stimm- und Atemarbeit eine Hilfe sein.

## Gestik und Mimik

Wer seine natürliche Gestik und Mimik kennen lernen will, sollte sich selbst in Momenten beobachten, in denen er sich wohl und sicher fühlt. FreundInnen oder KollegInnen können Rückmeldungen geben, und auch Kinder sind ein aufschlussreicher Spiegel.

Die natürliche Gestik kann sehr bewegt und ausladend oder ganz still und sparsam sein, sie ist aber immer harmonisch und im Einklang mit uns selbst. Statt eine „richtige" Gestik einzutrainieren, sollten wir dafür sorgen, dass die eigene Gestik nach außen dringt. Dazu ist es hilfreich, sich zu entspannen, durchlässig zu werden und auf die inneren Impulse zu vertrauen.

Für die Mimik gilt das Gleiche. Manchen steht buchstäblich alles im Gesicht geschrieben, andere erzeugen nur durch das leichte Anheben einer Augenbraue eine große Spannung. So, wie es ist, ist es gut. Schwierig wir es erst, wenn wir unsere Gestik und Mimik bewerten, sie ausbremsen, kontrollieren und manipulieren. Dann steigt die innere Anspannung, die Bewegungen wirken unharmonisch und manche Menschen erstarren regelrecht. Die GesprächspartnerInnen nehmen dann ebenfalls wahr, dass da etwas nicht stimmt. Auch wenn wir noch so gerne etwas für unsere Körpersprache *tun* würden: Gelassene Gestik und Mimik erreichen wir durch *loslassen* – auch wenn es zunächst schwer fällt.

## Übungen

Mit den folgenden Übungen können wir uns erden, die Atmung aktivieren und dem Körper wieder zu mehr Durchlässigkeit und Geschmeidigkeit verhelfen.

### Übung 1: Erdung

- Wir wandern mit unserer gesamten Aufmerksamkeit zu unseren Füßen und nehmen so Kontakt auf. Wie fühlen sich die Füße an? Stehen wir sicher und beweglich? Können wir Anspannung oder Blockaden wahrnehmen? Sind unsere Füße eher warm oder kalt? Gibt es Unterschiede zwischen dem rechten und dem linken Fuß?
- Nach einer Weile verlagern wir unser Gewicht auf den linken Fuß, mit dem rechten Fuß treten wir mehrmals kräftig auf, wobei wir die Beine möglichst entspannt lassen.
- Dann stellen wir uns mit unserem ganzen Gewicht auf die Zehen unseres rechten Fußes. Ohne die Belastung aufzugeben bewegen wir den Fuß nach rechts und links, so dass die Zehen behutsam massiert werden.
- Anschließend stellen wir uns mit unserem gesamten Gewicht auf die rechte Ferse. Wieder bewegen wir den Fuß so, dass die Außenkanten sanft massiert werden. Auftretende Schmerzen sollte man nicht aushalten. Wichtig ist es, die eigenen Grenzen wahrzunehmen und zu akzeptieren. Manchmal hilft es, den Atem an die schmerzende Stelle zu lenken, um so den Schmerz zu lösen.
- Nun stellen wir den rechten Fuß wieder normal auf und spüren nach. Welche Unterschiede nehmen wir nun zwischen dem rechten und dem linken Fuß wahr?
- Nach einer kurzen Pause verlagern wir das Gewicht auf den rechten Fuß und bearbeiten auf gleiche Weise den linken Fuß.

- Abschließend gehen wir noch ein paar Runden im Raum herum. Zunächst belasten wir dabei nur die Außenkanten, später nur die Innenkanten der Füße. So erhalten auch diese Bereiche eine Massage und unsere Füße sind wieder wach und präsent. Wir sind besser geerdet.

### Übung 2: Durchlässigkeit

Durch häufige Anspannung und Verkrampfung entstehen im Körper zahlreiche Blockaden. Die Bewegung der Gelenke erhöht die Durchlässigkeit.

- Wir stellen uns in einen gut geerdeten Stand und verlagern das Gewicht zunächst nach links, heben das rechte Bein an und schütteln nacheinander alle Gelenke aus.
- Wir beginnen mit dem Sprunggelenk, bewegen dann das Knie in alle möglichen Richtungen, schließlich lassen wir das gesamte rechte Bein vom Hüftgelenk aus kreisen.
- Nun verlagern wir das Gewicht nach rechts und bewegen die Gelenke des linken Beines. Diese Bewegung wirkt belebend auf den gesamten Körper.
- Anschließend stellen wir uns wieder bequem auf beide Beine und lassen das Becken in kleinen und großen Bewegungen kreisen. Ebenso können wir es nach vorne und hinten kippen. Sanft oder schwungvoll, wie es uns angenehm ist.
- Nun sind die Arme dran. Wir beginnen mit den Fingern, die wir in allen Gliedern so bewegen, als ob wir auf der Tastatur eines Computers herumspielen würden.
- Dann schütteln wir die Handgelenke kräftig und behutsam zugleich aus.
- Wir beziehen nun die Ellbogengelenke in die Bewegung mit ein.

- Schließlich lassen wir beide Arme aus den Schultergelenken heraus kreisen.
- Anschließend stellen wir uns wieder in eine geerdete Grundhaltung und beginnen den Kopf in sanftem Nicken oder halben Kreisen zu bewegen. Wir atmen dabei sanft zu möglichen Blockaden oder Schmerzpunkten hin.
- Mit den Fingerspitzen klopfen wir dann die Kopfhaut ab. Das erzeugt ein belebendes Kribbeln und macht uns wach und präsent.
- Schließlich können wir noch die einzelnen Gesichtspartien kneten und massieren. Ebenso gut ist eine Runde Grimassenschneiden. Kinder geben da gern interessante Anregungen. Auch der Unterkiefer kann in alle Richtungen bewegt werden.
- Zum Abschluss schütteln wir noch einmal den gesamten Körper aus.

Der Körper ist nun viel eher in der Lage, herannahende Aufregungen und Anspannungen durchzulassen, ohne dass sie sich zu Verspannungen oder gar Erstarrungen aufstauen müssen. Gleichzeitig ist er sensibilisiert für alle Impulse, die eine stimmige Gestik und Mimik fördern.

### Übung 3: Atmung

Durch jegliche Art von Bewegung erhöht sich das Energieniveau im Körper. Angst wird vertrieben, bevor sie sich im Körper als An- oder Verspannung festsetzt. Für eine freie Atmung ist alles gut, was das Zwerchfell in Schwingung bringt:

- eine Runde Joggen am Vorabend;
- ein kurzer, schneller Gang durch den Park, kurz bevor es losgeht;

- schnelles Hüpfen, bei dem die Fersen angehoben werden, die Zehen aber auf dem Boden bleiben;
- fünf Minuten Seilspringen;
- bei geöffnetem Fenster ein paar Minuten ein- und ausatmen.

All das tut gute Dienste. Das Zwerchfell lockert sich und die frische Luft versorgt unser Gehirn mit Sauerstoff. Bewegung aktiviert, belebt und fördert auf natürliche Weise die Atmung.

- Nach einer solchen Aktivierungsphase bringen wir uns noch eine Weile mit gelösten Knien in einen gut geerdeten Stand. Eine Hand liegt vorne zwischen Schambeinknochen und Nabel, die andere hinten auf gleicher Höhe auf den Körper auf. Wir sammeln unser gesamte Aufmerksamkeit unter unseren Händen.

Diese Übung dient der Zentrierung und Verbindung. Die Vorstellung, bis ins Becken hinein zu atmen, unterstützt diesen Prozess. Ebenso kann man zwischen den Händen Wärme oder buntes Licht visualisieren.

### Übung 4: Stimme

Es gibt viele Möglichkeiten, die Artikulationsorgane, den ganzen Mund- und Rachenbereich zu bewegen und zu dehnen. Stimme und Artikulation werden so vor einer Redesituation in Schwung gebracht:

- den Unterkiefer in alle Richtungen bewegen, mit den Lippen die abenteuerlichsten Grimassen schneiden, die Zunge im Mundraum bewegen, mit der Zungenspitze die Anzahl der Zähne überprüfen, den gesamten Mund, Kiefer- und Halsbereich vorsichtig mit den Fingerkuppen wach klopfen und den erhabenen Wirbel im Nacken massieren;

- beim Ausatmen zunächst ganz sanft, dann kräftiger, später wieder sanft einen Ton entstehen lassen und so die eigene Stimme rufen;
- mit unterschiedlichen Tönen und Lautstärken experimentieren;
- die Stimme erheben und singen: Kinderlieder, Liebeslieder, Lieblingslieder; behutsam und zart, kraftvoll und freudig, aber immer in großer Aufmerksamkeit zu sich selbst. Es kommt nicht auf die Menge oder die Schönheit des Gesangs an, sondern darauf es auszuprobieren.
- mit der Stimme spielen: der Welt einmal so richtig die Meinung sagen, den Enten auf dem Teich von unserer neuen Liebe vorschwärmen, mit dem Meeresrauschen die Vor- und Nachteile einer neuen Wohnung diskutieren oder der Stereoanlage einen flammenden Vortrag halten über die Notwendigkeit, neue Schuhe zu kaufen.

Unsere Stimme ist ein sehr sensibles Organ, ein Ausdruck unseres Selbst. Wenn wir beginnen, die Stimme zu befreien, rufen wir auch all die Kräfte auf den Plan, die uns ein Leben lang zu Zurücknahme und Verstummen angehalten haben. Viele Menschen werden daher an diesem Punkt von Selbstzweifeln geplagt. Mit einem Lächeln kann man sich in Selbstannahme üben und dann behutsam mit dem spielerischen Einstimmen fortfahren.

## 4.2 Zukunft ist das Produkt der Gedanken – die mentale Ebene

Was immer wir über unsere Zukunft in unseren Gedanken bewegen, hat große Chancen Realität zu werden. Wir kennen das als die sich selbst erfüllende Prophezeiung, von Paul Watzlawik in seiner Anleitung zum Unglücklich sein detailliert und humorvoll beschrieben (vgl. Watzlawick 1983, S. 37ff). Die Energie der Gedanken ist eine große Kraft, die wir auch für einen überzeugenden Auftritt nutzen können.

Positive Gedanken zur bevorstehenden Kommunikationssituation führen zu Gelassenheit und haben so einen großen Einfluss auf unsere Wirkung. Leider schieben sich häufig recht negative Gedanken in unser Bewusstsein, die wir nicht nur am Inhalt, sondern auch am abwertenden Tonfall erkennen, mit dem sie über uns herfallen.

„Du bist wieder einmal schlecht vorbereitet!“

„Du wirst dich bis auf die Knochen blamieren!“

„Du wirst den roten Faden verlieren!“

„Du wirst dich verhaspeln!“

„Du wirst die Zeit nicht füllen können!“

„Du bist eine grottenschlechte Rednerin!“

Der erste Schritt zur mentalen Vorzubereitung besteht darin, sich solche Gedanken und Befürchtungen bewusst zu machen. Erst dann können sie erfolgreich ins Positive verwandelt werden. Theoretisch eine einfache Übung:

„Du bist gut vorbereitet!“

„Du bist souverän und wirst wertgeschätzt!“

„Du folgst unaufhaltsam deinem roten Faden!“

„Du redest immer klar und deutlich!“

„Du füllst die Zeit spielend leicht!“

„Du bist eine wunderbare Rednerin!“

Manchen Menschen hilft diese Übersetzungsübung schon einen guten Schritt weiter. Die Kunst besteht nun darin, diese positiven Gedanken in sich zu verankern. So kann man schon lange vor einem schwierigen Elternabend diese positiven Gedanken wie in einer Endlosschleife in sich kreisen lassen, immer und immer wieder, bis man ihnen vertraut.

Doch da beginnt das Problem. Manche dieser Gedanken, so positiv sie auch sein mögen, stimmen einfach nicht. In Wahrheit sind wir nämlich überhaupt nicht vorbereitet. Und diese Realität ist schwer umzudenken.

Bei anderen positiven Gedanken lässt sich zwar das Gegenteil nicht so leicht beweisen, allein es fehlt der Glaube. Zwar wissen wir letztendlich, dass wir eigentlich keine schlechte Rednerin sind, zwar erinnern wir uns – sanft errötend – an die guten Rückmeldungen bei der letzten Teamsitzung, aber jetzt, kurz bevor es wieder einmal ernst wird, wachsen die Zweifel, fehlen uns die unumstößlichen Beweise, verlieren wir unsere Sicherheit.

Hier kommen die leisen, subtilen und manchmal auch hinterlistigen Gedanken ins Spiel. Während wir noch versuchen uns einzureden, dass wir den roten Faden bestimmt nicht verlieren werden, flüstern sie uns wie kleine Teufelchen ins Ohr: „Das glaubst du dir ja selber nicht!“ Und wir müssen resigniert zugeben, dass das stimmt.

Positives Denken allein reicht also oft nicht aus, um die guten Botschaften dieser Gedanken zu glauben und zu fühlen. Eine weiterführende Möglichkeit ist daher die Arbeit mit Erlaubnissen. Sie nehmen den inneren Kritikern die Macht und umgeben uns mit wohlwollender Selbstannahme. Erlaubnisse wollen der Realität nicht widersprechen. Doch sie können Brücken bauen auf dem Weg in schwierigem Gelände.

„Ich sage, was ich weiß!“

„Ich nehme mich an, so wie ich bin!“

„Ich vertraue auf die Struktur meiner Gedanken!“

„Ich darf Fehler machen!“

„Ich nehme mir die Zeit, die ich benötige!“

„Ich bin die Rednerin, die ich sein kann!“

Auch diese Erlaubnisse brauchen Zeit, um in unseren Gedanken Wurzeln zu schlagen. Daher beginnt die Arbeit mit mentalen Unterstützern schon weit im Vorfeld der Situation. Wer sich diese Erlaubnisse immer wieder gibt und sie in sich nachwirken lässt, erzeugt mit der Zeit einen gewissen Automatismus. Es ist immer wieder erstaunlich, wie sich in Seminaren die gesamte Atmosphäre verändern kann, wenn sich die Teilnehmenden die Zeit nehmen, diese Erlaubnisse in Gedanken zu bewegen. Wo zuvor noch ängstliche Aufgeregtheit und Anspannung herrschte, breitet sich Freundlichkeit, Zutrauen und Entspannung aus. Diese Veränderungen spiegeln sich auch in den Gesichtern der Menschen wieder, die offener, friedlicher und strahlender werden. So entstehen gute Voraussetzungen für eine erfolgreiche Gesprächssituation.

## 4.3 Sich auf positive Erfahrungen beziehen – die emotionale Ebene

### Eine emotionale Tankstelle schaffen

Eine gute Vorbereitung auf eine Gesprächssituation schließt auch mit ein, dass wir für unser Wohlbefinden sorgen. Wer sich kurz vor dem Auftritt all die Situationen in Erinnerung ruft, bei denen er gescheitert ist, schafft sich auf der emotionalen Ebene denkbar schlechte Bedingungen.

Schön, dass es auch umgekehrt funktioniert. Indem wir die Erinnerungen an etwas Schönes in uns wachrufen, bringen wir uns in eine gute Verfassung. Der Köper wird allein auf die Vorstellung hin mit Entspannung reagieren. Ein imaginärer Spaziergang an unserem Lieblingsplatz in der Natur, das Eintauchen in einen glücklichen Urlaubstag, die Erinnerung an eine aufregende Liebeserklärung. Wir sollten also das Gefühl, geachtet und geliebt zu sein, genießen und es so in unserem Bewusstsein verankern. Dadurch nähren wir uns an der Kraft unserer persönlichen Sternstunden.

Wer noch tiefer in diese Form der emotionalen Vorbereitung eintauchen möchte, kann sich den idealen Wohlfühlort auch ausmalen oder mit kreativen Mitteln gestalten:

Wie sieht es dort aus?

Wer ist anwesend?

Was geschieht dort?

Was können wir sonst noch wahrnehmen?

Gute emotionale Tankstellen verlassen wir immer als belebte, strahlende Menschen. Und als solche sind wir auch gut vorbereitet auf die Herausforderungen von Kommunikationssituationen jeder Art.

## Den richtigen Film einlegen

Für das Wohlbefinden ist es ebenfalls von Bedeutung, was wir über die Situation denken, in der wir reden werden. Wer zum Beispiel mit der Vorstellung in ein Gespräch geht, dass ihm die Anwesenden nicht wohlgesonnen sind, dass sie jede Chance zur Bloßstellung nutzen werden und auf einen Fehler geradezu warten, wird sich sicherlich nicht wohl fühlen. Wie in allen unangenehmen Situationen zieht sich das gesamte Körpersystem zusammen. Der Atem wird stockender, die Muskulatur spannt sich an, der Blick verdüstert sich, die Bewegungen verlieren ihre Geschmeidigkeit und das Denken ist wenig inspiriert. Wir wappnen uns schon im Vorfeld für vermutete Angriffe und schalten sicherheitshalber schon mal auf Verteidigung.

Das schmälert die Chance zum überzeugenden Auftreten von vornherein. Zudem sind wir denkbar schlecht auf tatsächlich Angriffe vorbereitet. Viele Menschen schießen dann aus der großen Anspannung heraus blind zurück. Dabei bleibt es dem Zufall überlassen, ob der Angriff nachhaltig abgewehrt werden konnte. Häufig erwischt man so die Falschen und ist nun mit deren Verteidigungsschlägen konfrontiert. Ein Teufelskreis mit einer schnell eskalierenden Dynamik entsteht.

Wer die Vorstellung von einer Gesprächs- oder Redesituation aktiv gestaltet, kann die Anspannung und das Eskalationspotential deutlich verringern. So können wir uns unsere GesprächspartnerInnen vorstellen als solche, die uns neutral oder wohlwollend gegenüberstehen und an uns und unserem Thema interessiert sind. Ihre kritischen Fragen sind dann keine Bedrohung mehr, sondern eine Chance, detaillierter über unser Anliegen zu informieren. Durch die Reibung mit Gegenargumenten können wir die Vorteile unseres Standpunktes noch besser herausarbeiten.

Getragen von einer konstruktiven Vorstellung der bevorstehenden Situation entsteht Entspannung auf allen Ebenen. Körperhaltung und Körpersprache sind offener und harmonischer. Optimismus und Vertrauen auf die eigene Kreativität im Umgang mit schwierigen Situationen breitet sich aus. Zumeist reicht das schon aus, um der Vergiftung der Gesprächsatmosphäre entgegen zu wirken. Wer dennoch angegriffen wird, reagiert souveräner, behält den Überblick und kann mögliche Schutzmaßnahmen gezielt lenken. Dann macht Kommunikation auch in schwierigen Situationen Spaß.

# 5 Das Gegenüber wahrnehmen

Dieses Kapitel zeigt auf, warum es so wichtig ist, GesprächspartnerInnen mit ihrer jeweiligen Meinung wahrzunehmen und zu akzeptieren, bevor man versucht, sie von den eigenen Gedankengängen und Positionen zu überzeugen.

Wir nehmen unseren Standpunkt selbstbewusst ein, unsere Argumente sind gut durchdacht und wir selbst gut vorbereitet. Nun ist es wichtig, den Schritt vom „Ich" zum „Du" zu gehen. Wer überzeugen will, muss im Gegenüber die Hauptperson sehen. Bisher haben wir uns auf uns selbst konzentriert. Jetzt gilt den GesprächspartnerInnen die gesamte Aufmerksamkeit. Wer bei ihnen etwas bewegen will, sollte näher an sie heranrücken.

Aus der Kunst der Verhandlungsführung ist bekannt, dass nur sichere GesprächspartnerInnen gute GesprächspartnerInnen sind. Die Unsicherheit des Gegenübers ermöglicht – wenn überhaupt – nur kurzfristige Erfolge. Nachhaltigkeit ist nur durch Freiwilligkeit zu erhalten. Um sich eine neue Meinung wirklich anzueignen, muss sich das Gegenüber frei und sicher fühlen, seine Schritte in jede Richtung lenken zu können. Andernfalls sind wir mit Widerstand, Uneinsichtigkeit, Hilflosigkeit oder voreiliger Anpassung konfrontiert. Wer sich damit zufrieden gibt, baut auf Sand. Wir wissen nicht, was die GesprächspartnerInnen tatsächlich denken und tun werden, wenn sie der Situation entkommen sind, die sie verunsichert. Erfolgreiche Überzeugungsarbeit setzt sensible Wahrnehmung und ein gutes Einfühlungsvermögen voraus.

## 5.1 Unterschiede bewusst machen

Je größer die innere Freiheit ist, desto mehr Ressourcen stehen uns offen. Wer von sich selbst absehen kann, kann sich besser auf das Gegenüber konzentrieren.

Ein wichtiger Schritt zu dieser Freiheit ist die Entwicklung von Unterschiedsbewusstsein. Damit ist die Fähigkeit gemeint, unterschiedliche Gefühle, Verhaltensweisen und Meinungen als solche wahrzunehmen und zu akzeptieren. Wir müssen differenzieren lernen, indem wir uns bewusst machen, was anders ist:

- Die Einrichtung in der direkten Nachbarschaft erhält mehr Anfragen als die eigene Einrichtung.
- Die Kinder machen nach dem gestrigen Ausflug einen deutlich entspannteren Eindruck.
- Die neue Praktikantin ist sehr geduldig und liebevoll im Umgang mit dem „schwierigen" Kind.
- Die Chefin ist eine hervorragende RednerIn.
- Diese Eltern unterstützen die Arbeit der Erzieherinnen sehr.
- Die Kollegin ist mit der Gruppe überfordert.

Durch den differenzierten Blick auf das Geschehen entsteht ein Bewusstsein über das, was tatsächlich unterschiedlich ist bezüglich einer Situation, eines Status, einer Qualität oder auch einer Meinung. Wer diese Unterschiedlichkeit wahrnimmt, in sich zulässt und akzeptiert, muss nicht mehr ängstlich und vorsichtig sein. Das „Eigene" wird nicht mehr von der Existenz des „Anderen" bedroht. Das „Andere" darf sein und muss nicht mehr bekämpft werden. Wir sind bereit, uns gegenüberzustellen. Damit wird ein konstruktiver Prozess der gegenseitigen Bereicherung eingeleitet.

Im Alltag geschieht es aber oft, dass wir die Dinge verallgemeinern, anstatt sie zu differenzieren. Da gibt es zum Beispiel diese Eltern, die immer wieder an unserer Kompetenz zweifeln und uns das Leben mit ihren misstrauischen und abwertenden

Kommentaren schwer machen. Eigentlich sind es nur zwei oder drei, aber schnell wird diese Erfahrung auf alle Eltern übertragen. Und so ist es kein Wunder, wenn uns der bevorstehende Elternabend Magengrummeln verursacht. Der differenzierte Blick auf die Unterschiedlichkeit der Eltern, der jeweiligen Situationen und des Rollengefüges könnte die Angst schmälern.

Die Aufforderung zur Differenzierung bezieht sich nicht nur auf die Wahrnehmung, sondern auch auf die Sprache. Viele Menschen bedienen sich einer sehr verallgemeinernden Sprache. Sie benutzen häufig Formulierungen wie „Eltern sind so …", „Kinder brauchen …", „Typisch Verwaltung!!!". Dadurch werden Klarheit und Präzision in der Kommunikation und auch auf der Ebene der Gedanken verhindert. Es entstehen Unklarheit, Verwirrung und Vermischung. Das wirkt sich verunsichernd auf uns und auf die GesprächspartnerInnen aus.

Wer selbstbewusst und seiner selbst sicher ist, wird zunehmend unabhängig von den Reaktionen des Gegenübers. Niemand muss unsere Sichtweise übernehmen, damit wir uns dem Wert und der Bedeutung unseres Standpunktes sicher sind. Das Gegenüber muss uns nicht mögen, damit wir uns im Inneren annehmen können. Die innere Freiheit, die so entsteht, schafft die Voraussetzungen für den ungetrübten Blick auf die GesprächspartnerInnen mit ihrem Denken, ihrem Fühlen, ihren Reaktionen und letztendlich auch ihren Bedürfnissen im Gespräch. Dieser ungetrübte Blick ermöglicht Orientierung und öffnet die Tür in den großen Saal der Kommunikationsmöglichkeiten. Wer weiß, was die GespächspartnerInnen benötigen, kann gezielt auf die Suche gehen nach geeigneten Hilfsmitteln und Kommunikationstechniken.

Um das Gegenüber in seiner Unterschiedlichkeit wahrzunehmen und zu akzeptieren, benötigen wir Offenheit gegenüber seiner Person und seiner anderen Position. Wer seine Antennen weit aufspannt und sich innerlich darauf einstellt zu verstehen, kann sich eine Art Landkarte erstellen, auf der sich der Weg für eine erfolgreiche Kommunikation finden lässt.

Bei der Wahrnehmung und Akzeptanz des Gegenübers geht es nicht um Selbstaufgabe, sondern darum, freiwillig zurückzutreten und zu betrachten. Diese Zurückgenommenheit scheint sich zunächst nicht mit dem Wunsch zu vertragen, andere von der eigenen Meinung zu überzeugen. Viele verbinden mit überzeugendem Auftreten ja gerade, mutig und zielorientiert nach vorne zu preschen. Verständlich wird dieses Vorgehen jedoch vor dem Hintergrund, dass Kommunikation Beziehung ist. Um zu GesprächspartnerInnen in eine respektvolle Beziehung eintreten zu können, müssen wir sie wahrnehmen und akzeptieren mit all ihren Meinungen und Haltungen, so wie sie sind. Dann können auch verschiedene Positionen friedlich neben einander auf dem Verhandlungstisch liegen. Alle bringen zusammen, was sie zu bieten haben. Dann erst kann ein gemeinsames Gespräch beginnen.

Schutz vor einer voreiligen Selbstaufgabe bietet das Bewusstsein, auch selbst das Recht auf eine eigene Meinung und auf eigene Empfindungen zu haben. Durch dieses Selbstbewusstsein ziehen wir souverän Grenzen, ohne halsstarrig oder dickköpfig zu werden (gut illustriert in „Norbert Nackendick“ von Michael Ende und Reinhard Michl 1987). Wenn die Balance von Offenheit und Abgegrenztheit stimmt, kann der Tanz der Argumente beginnen.

## 5.2 Aufmerksam sein

Um das Anliegen der jeweiligen GesprächspartnerInnen zu verstehen, sollte man sich die Zeit nehmen, genau zuzuhören.

- Welche Argumente werden vorgetragen?
- Welche Fragen werden gestellt?

- Welche Befürchtungen werden geäußert?
- Wie lautet die Kritik?
- Welche Wünsche gibt es?

In der Regel wird die sachliche Ebene schnell deutlich. Manchmal treten allerdings Störungen auf, die es notwendig machen, auch andere Ebenen des Verstehens einzubeziehen. Zum Beispiel kann es geschehen, dass die bisher klar und gut strukturierte Kollegin plötzlich sehr unverständlich spricht. Irgendwie wird ihr Anliegen nicht deutlich.

Das ist oft ein Zeichen dafür, dass das Gesagte mehrere Ebenen hat, von denen nur eine, sozusagen die offizielle Ebene ausgesprochen wird oder werden kann. Dadurch bleiben Zusammenhänge unklar, Forderungen kommen nicht auf den Punkt, Sätze werden so verklausuliert, dass sie mehr Verwirrung stiften als Informationen transportieren.

Vielleicht ist es dieser Kollegin selbst nicht ganz klar, welche Meinung sie vertritt. Möglicherweise steht sie unter Druck, weil sie in dieser Teamsitzung zu einem Sachverhalt Stellung nehmen muss, ohne eine klare Meinung zu haben. Oder sie ist verunsichert, weil sie nicht weiß, was von ihr erwartet wird. Ebenso kann es sein, dass es eigentlich gar nicht um die Sache geht. Vielleicht schwelen im Untergrund unausgesprochen Konflikte oder die Aufmerksamkeit ist noch an die vorausgegangene Begegnung mit der Vorgesetzten gebunden. Vielleicht sind die Sachverhalte, die das Gegenüber mitteilen will, für unsere Ohren auch so fremd, dass wir tatsächlich mehr Zeit und zusätzliche Erklärungen benötigen, um zu verstehen.

All das kann man nicht vermeiden. Störungen dieser Art gehören zum normalen Kommunikationsalltag. Sie werden aber erst dann wirklich zum Problem, wenn wir sie nicht wahrnehmen. Auch der Versuch, sie zu ignorieren, weil sie ja scheinbar nicht zur Sache gehören, verstärkt das Problem eher.

Es geht also darum, aufmerksam wahrzunehmen, was geschieht, sich zu trauen, die Ungereimtheiten der menschlichen Kommunikation anzunehmen, weder sich selbst, noch die GesprächspartnerInnen deshalb abzuwerten und behutsam zu versuchen, weiter zum Kern der Sache vorzudringen.

## 5.3 Mit dem Herzen hören

Um GesprächspartnerInnen zu verstehen, reicht es nicht aus, auf die vorgetragenen Fakten zu achten. In der Regel vermittelt nur die Wahrnehmung über viele Kanäle ein rundes Bild von einer Sache. Das gilt insbesondere dann, wenn die Sachebene verwirrend ist und kein klares Bild ergibt. Statt zu analysieren, kann man eine Weile absichtslos der Stimme und den Worten lauschen. Welchen Eindruck hinterlässt das Gesagte dann in uns? Was nehmen wir wahr, wenn wir ohne zu interpretieren die Mimik und Gestik betrachten, die Gesamtheit dieser Signale auf uns wirken lassen?

Dabei kann uns das Gefühl neue Ebenen des Verstehens eröffnen, die weit über das rationale Erfassen eines Sachverhaltes hinaus gehen. Mit dem Herzen hören meint, das Gesagte durch sich hindurch ziehen zu lassen, ohne es festhalten zu wollen, es

zu begreifen, ohne es in den Griff bekommen zu wollen, und immer wieder auf die Resonanz zu horchen. Die Forschungsfrage lautet dann nicht: „Was sagt das Gegenüber?“, sondern „Was klingt in mir an, während ich zuhöre? Welche Botschaft erreicht mich im Herzen?“ Wer auf die Impulse vertraut, die diese Form der Wahrnehmung bietet, wird überrascht sein, wie einfach Verständigung und Klärung werden können.

Jeder kennt verwirrende Gesprächssituationen. Beim ersten Hinhören scheint noch alles in Ordnung zu sein, denn die vorgetragene Meinung ist schlüssig und logisch aufgebaut. Erst wenn wir uns tiefer auf das Gegenüber einschwingen, wird deutlich, was nicht stimmt. Die Mimik passt nicht zum Gesagten und in der Stimme liegt vielleicht eine Trauer, die sich nicht durch die Äußerungen erklären lässt. Statt sich weiter verwirren zu lassen, kann man durch Nachfragen lenken.

Bei dieser Art des Zuhörens geht es nicht um künstliche Emotionalisierung, sondern darum, alle Kanäle zu nutzen, um der Sache gerecht zu werden. Intuition gehört bei diesem Prozess dazu. Für eine konstruktive Gesprächsführung benötigen wir Herz *und* Verstand.

Mit dem Herzen zu hören kann auch zur Selbstklärung beitragen. Wer selbst verwirrt und unklar ist, sollte sich auf diese Weise einmal die eigenen inneren Dialoge anhören. Wohlwollen, Annahme und Wertschätzung gegenüber anderen und sich selbst bilden die Basis für diese Form der Wahrnehmung.

## 5.4 Die Körpersprache beachten

Auch ein einfühlender Blick auf die Körpersprache der GesprächspartnerInnen gibt viele Informationen. Allerdings sollte man dabei nicht auf simple Eins-zu-eins-Übersetzungen bauen.

Nicht immer bedeuten vor der Brust gekreuzte Arme Abwehr und Verschlossenheit. Manchmal ist es ein Zeichen von Wohlbefinden und Privatheit: Man kuschelt sich so richtig bei sich selber ein und fühlt sich wie zu Hause.

Um die Körpersprache zu verstehen, müssen wir auf das Ganze achten. Erst die Gesamtheit der Körpersignale zeichnet ein brauchbares Bild. Und auch dieses Bild ist lediglich eine Interpretation der Dinge, vorgenommen vor einem persönlichen Hintergrund und daher subjektiv. Die Beobachtungen müssen überprüft werden.

## Der Blick

Wenn uns GesprächspartnerInnen frei und entspannt anschauen, können wir mit hoher Wahrscheinlichkeit davon ausgehen, dass sie sich in dieser Situation wohl fühlen. Ihr Blick ist offen und lebendig. Man kann unterschiedliche Gefühle wie Freude oder Wut, aber auch Überraschung oder Unverständnis, an ihren Augen ablesen.

### Weggucken

Fällt es dem Gegenüber schwer, den Blickkontakt zu halten, ist das allerdings nicht immer ein Zeichen von Unsicherheit und Unwohlsein.

- Viele Menschen lassen ihren Blick in die Ferne oder wahlweise zur Zimmerdecke schweifen, wenn sie innerlich beschäftigt sind. Sie suchen in ihren inneren Archiven nach den Informationen, Erinnerungen und Eindrücken, die sie aktivieren wollen, um ganz mit dem Gesagten in Kontakt zu sein. Manche vergessen dabei für Momente, dass sie ZuhörerInnen haben, die angesprochen und angeschaut werden wollen. Mit Verunsicherung hat das nichts zu tun.

- Anderen fällt es schwer, den Blickkontakt zu halten, weil sie das, worüber sie sprechen, sehr berührt oder weil sie sich ihren ZuhörerInnen in einer Weise offenbaren, die ihnen nicht sehr vertraut ist. Dann senkt sich der Blick. Das ist sicher kein Zeichen von Unterlegenheit, vielmehr drückt sich darin Scheu oder auch Intimität aus. Sicher ist es schön, der Auserwählten bei der ersten Liebeserklärung strahlend in die Augen zu schauen. Doch auch der scheue Blick zur Seite hat seine Reize. Jedenfalls ist ein scheuer Blick kein Grund, mit rhetorischen Mitteln gegenzusteuern.
- Auch in Momenten großer Aufrichtigkeit gelingt es vielen Menschen nicht, den Blickkontakt zum Gegenüber zu halten. Man sollte einen solche Reaktion als notwendigen Selbstschutz achten und sich über das Vertrauen freuen, das auf diesem Weg ebenfalls signalisiert wird.
- Wem das, was er zu sagen hat, peinlich und unangenehm ist, der vermeidet ebenfalls häufig den direkten Blickkontakt. Wir möchten uns dann lieber durch einen kurzer Seitenblick versichern, dass das Gegenüber uns nicht gleich den Kopf abreißt.
- Wenn der Blick hektisch und angespannt wirkt und Halt suchend immer wieder von uns weg zu Inseln im Raum wandert, die Erholung versprechen, dann ist unser Gesprächspartner vermutlich unsicher. In solchen Momenten sollte man vor allem der Versuchung widerstehen, das Gegenüber weiter zu verunsichern. Wer andere von den eigenen Ideen überzeugen will, sollte so lange Sicherheit aussenden, bis sie sich wohler fühlen. Nur dann können sie der Sache konzentriert folgen und gegebenenfalls auch zustimmen.
- Darüber hinaus gibt es natürlich auch die Menschen, die ihren GesprächspartnerInnen niemals die Unwahrheit offen

ins Gesicht sagen können und daher ihren Blick für Momente abwenden. Oft weisen dann auch noch andere Signale darauf hin, dass etwas nicht stimmt.

## Hingucken

Auch wenn GesprächspartnerInnen den Blick halten, lässt das unterschiedliche Schlüsse zu. Es kommt wieder auf zusätzliche Signale an, die ihren Blick begleiten.

- Zuweilen haben wir es mit Menschen zu tun, die zwar in unsere Richtung schauen, deren Blick uns aber nicht erreicht. Der Blick scheint irgendwo auf halber Strecke abzubrechen oder einfach im Nichts zu enden. Hier wird – unbewusst – ein Notdienst in Sachen Blickkontakt aufrecht erhalten, während sich das eigentliche Programm im Hinterkopf abspielt. Die Energie ist dann nicht nach vorne gerichtet, nicht auf

Im Nebel stehen

den Kontakt. Das Gegenüber ist vermutlich ganz damit beschäftigt, sein Anliegen zu formulieren und abzusenden. SeminarteilnehmerInnen berichten häufig davon, dass sich dann die Wahrnehmung vernebelt. Sie schauen, ohne zu sehen. Als Gegenüber kann man das manchmal spüren.

- Es gibt einen festen Blick, der eine gewisse Härte in sich trägt. Dies zeugt von Anstrengung oder Anspannung beim Versuch, den Blick zu halten. Was immer das Gegenüber dazu veranlasst, wir sollten vor allem den Druck auf der Beziehungsebene nicht erhöhen.
- Manche Menschen haben sich darauf spezialisiert, den Blick in jedem Fall zu halten. Mal ängstlich, mal kämpferisch fixieren sie ihr Gegenüber. Sie versuchen so, andere auf Distanz zu halten und sich selbst nicht in die Karten schauen zu lassen. Ein möglicher Hinweis darauf, dass sich die Gesprächspartnerin in einer Verteidigungshaltung befindet. Erst wenn es ihr gelingt, diese Haltung aufzugeben, können unsere Ideen, Wünsche und Argumente sie erreichen. Angriffe erhöhen hier die Notwendigkeit zur Verteidigung. Die Situation verhärtet sich, anstatt sich zu entspannen.
  Für manche Menschen ist es schwer, ihre Verteidigungslinien direkt in der Gesprächssituation aufzugeben. Erst wenn sie sich in Sicherheit befinden, allein in ihrem Büro oder umgeben von guten Freunden, sind sie bereit, das Gehörte langsam zu sich zu nehmen und wirken zu lassen.
- Große Unsicherheit drückt sich in einem kontrollierenden Blick aus, wenn dieser nervös darauf bedacht ist, jede Regung, jede Veränderung der Situation so schnell wie möglich wahrzunehmen. Hier hat der Blickkontakt die Funktion eines Frühwarnsystems, das dazu dienen soll, mögliche Angriffe und Bedrohungen der eigenen Stellung so schnell und so gut wie möglich abzuwehren. Auch hier ist es notwendig, zunächst

auf der Beziehungsebene Vertrauen zu schaffen und zu überzeugen, bevor die Sachebene wirklich fruchtbar werden kann.

## Die Mimik

Die Mimik setzt sich aus einer Vielzahl unterschiedlichster Signale zusammen. Auch hier gibt es immer mehrere Möglichkeiten der Interpretation, abhängig von der Gesamtheit aller Körpersignale. Entspannte, zugewandte GesprächspartnerInnen zeigen ein offenes, freundliches Gesicht, das aus sich heraus Interesse ausstrahlt. Alles erscheint im rechten Maß. Es gibt kein Zuviel und kein Zuwenig. Die Mimik ist im positivsten Wortsinn normal und gelassen.

- Die gerunzelte Stirn kann ein Zeichen von Missmut sein, ebenso kann sich in ihr hohe Konzentration ausdrücken.
- Lächeln ist nicht gleich Lächeln. BeobachterInnen haben oft ein feines Gespür dafür, ob die Freude oder Freundlichkeit im Gesicht des Gegenübers echt ist oder ob sie eine Maske vorgehalten bekommen.
- Zusammengekniffene Lippen können Ausdruck von zurückgehaltener Wut, höchster Anspannung, tiefer Konzentration sein oder auch ein Hinweis auf die Angst, den Mund aufzumachen.
- Weit aufgerissene Augen in Verbindung mit angehobenen Augenbrauen weisen auf großes Erstaunen hin. In Verbindung mit anderen Signalen kann es ein Ausdruck von skeptischer oder ironischer Distanz sein.

## Die Gestik

Wir alle haben in Laufe unseres Lebens sogenannte Gewohnheitsgesten ausgebildet. Menschen, die uns näher kennen, würden die für uns typischen Gesten sofort benennen können. Sie sind Teil unseres Gewordenseins und gehören zu uns. Natürlich ist es kein Zufall, welche Gewohnheitsgestik jemand in seinem Leben ausgeprägt hat. Für konkrete Gesprächssituationen sind diese Bewegungen allerdings nicht sehr aussagekräftig. Wenn eine die Gewohnheit hat, sich immer wieder die Haare hinters Ohr zu stecken, muss das nicht unbedingt auf ein aktuelles Gefühl der Verlegenheit hinweisen. Auch bei der Gestik lohnt es sich also, genau hinzuschauen und mit allen Sinnen wahrzunehmen. Es kommt manchmal nicht so sehr darauf an, was jemand macht, sondern wie er es macht.

- Viel Bewegung mit den Händen kann einerseits auf einen Menschen hinweisen, der seine Kraft aus der Dynamik zieht. Seine Gestik ist ausgeprägt, nimmt Raum ein und ist zum Teil auch recht schnell. Dennoch ist sie nicht hektisch, sondern bei aller Dynamik insgesamt harmonisch und stimmig zum Gesagten. Wenn wir fahrige, unkoordinierte Bewegungen oder hektisches Verhalten wahrnehmen, können wir davon ausgehen, dass sich das Gegenüber nicht besonders wohl in seiner Haut fühlt und angespannt ist.
- Manche Menschen haben es sich zur Gewohnheit gemacht, eine Hand im Gesicht ruhen zu lassen. Bedeutung bekommt diese Gestik erst dann, wenn sich das Gegenüber entgegen seiner Gewohnheit immer wieder mit der Hand im Gesicht herumfährt, die Lippen oder den gesamten Unterkiefer bearbeitet. Dann will das Gegenüber vielleicht verhindern, dass die Worte seinen Mund verlassen. Seine Gestik erscheint

wie eine letzte Kontrolle und ist damit ein möglicher Hinweis auf Unsicherheit und Unklarheit.

- Wenn sich jemand in aller Öffentlichkeit kratzt, ist das aus ästhetischen Gründen sicherlich fragwürdig. Es ist aber auch ein Zeichen dafür, dass sich das Gegenüber unbeobachtet, eher privat und wohl fühlt, eben wie zu Hause, an einem Ort, an dem die Selbstkontrolle ein bisschen abgeschwächt werden kann. Natürlich darf man in offiziellen Situationen von GesprächpartnerInnen erwarten, dass sie sich an Gepflogenheiten und gewisse gesellschaftliche Spielregeln halten. Dennoch ist es auch ein Signal von Vertrauen und Gelassenheit, wenn sich unsere GesprächspartnerInnen entspannen.
- Nicht jeder Mensch, der beim Sprechen einen Kugelschreiber in der Hand hält, ist unsicher und muss sich an etwas festhalten. Vielen gibt ein solcher Gegenstand Ruhe und den Händen eine Orientierung. Dann ist der Kugelschreiber weder nach außen noch nach innen störend. Wenn sich die Hände jedoch immer mehr um den Kugelschreiber verkrampfen, die Bewegungen immer kantiger werden und wir um das Leben des Kugelschreibers fürchten müssen, können wir auf eine große Anspannung des Gegenübers schließen.
- Nur selten werden die zitternden Hände des Gegenübers tatsächlich sichtbar. Zittern ist sicherlich ein Zeichen großer körperlicher Erregung. Wir zittern, wenn wir Angst haben und unsere Selbstkontrolle bewusst oder unbewusst schwächer ist als die körperlichen Symptome. Insofern können zitternde Hände auch auf ein Gegenüber hinweisen, das souverän mit den eigenen Aufregung umgeht ohne sich all zu sehr zu verstellen.
- Manchmal können wir eine Gestik beobachten, die gar nicht zu dem Gesagten zu passen scheint. Eine Kollegin erzählt von einem schönen Ereignis und macht dabei immer wieder eine wegwerfende Bewegung. Im Elterngespräch vertritt je-

mand mit seinen Worten einen gut durchdachten und konstruktiven Verbesserungsvorschlag, während das Zucken seiner Schultern und Arme immer wieder zu sagen scheint: „Ist nicht so wichtig!“ Bei solchen Bewegungen handelt es sich nicht um eine Gestik, die das Gesagte unterstützend begleitet. Vielmehr haben wir es hier mit einem Kommentar zur Sprechsituation an sich zu tun: „Mir ist es unangenehm!“, „Messt dem Gesagten keine Bedeutung bei!“, „Ich bin unsicher, ob das alles überhaupt hier her passt!“. Lassen wir uns nicht von dieser kommentierenden Gestik dazu verführen, unsere Aufmerksamkeit abzuziehen. Wir laufen dann Gefahr, gute und wichtige Mitteilungen zu verpassen.

- Wer mit geballten Fäusten spricht, drückt den Ärger oder die Wut aus, die er gerade empfindet. Die Gestik passt zum Gesagten. Andererseits können die geballten Fäuste aber auch die Anspannung oder den Ärger auf sich selbst ausdrücken, in der Redesituation nicht gelassener und souveräner zu sein. Damit passt die Gestik zum Gefühlten, nicht aber zum Gesagten. Als BeobachterInnen sollten wir immer wieder beide Möglichkeiten in Betracht ziehen.
- Nicht jeder, der mit der Faust auf den Tisch haut, ist selbstsicher und souverän. Für manche ist der (Leidens-) Druck so groß geworden, dass sie keine andere Möglichkeit mehr sehen, als laut zu werden. Sie geben ihre Zurückhaltung auf, was für uns – und die betreffenden Menschen selbst – eine große Überraschung sein kann. Andere hauen auf den Tisch, nachdem sie lange Zeit mit anderen Mitteln nicht zum Zuge gekommen sind. Unabhängig davon, ob unsere GesprächspartnerInnen eher souverän oder unsicher sind, ein solch heftiges Signal ist immer auch ein ernstzunehmender Hinweis darauf, dass eine Grenze erreicht ist.

## Die Körperhaltung

Die Körperhaltung drückt sehr umfassend aus, wie sich jemand fühlt. Wer sich wohlfühlt, hat es sich bequem gemacht, ohne sich hängen zu lassen. Der Körper befindet sich in einer angenehmen Spannung, bereit Impulse von außen aufzunehmen, zu verarbeiten und gelassen zu reagieren. Alle Bewegungen sind harmonisch und angemessen. Wir geben uns nach innen und außen den Raum, den wir benötigen.

- Wenn sich Menschen unwohl fühlen, werden sie in allem eng. Das drückt sich auch in der Körperhaltung aus. Sie ziehen sich zusammen, spannen die Muskeln an, nehmen mit ihrer Gestik nicht mehr so viel Raum ein. Die Gründe dafür können sehr unterschiedlich sein. Nicht immer liegt es an der eigentlichen Gesprächssituation. Nicht immer fühlen sich die Betreffenden unterlegen, an die Wand gedrängt oder unsicher. Manchmal sind auch die Rahmenbedingungen der Grund für eine zusammengezogene Haltung: Wir frieren, sitzen auf einem unbequemen Stuhl, uns blendet die Sonne. Auch hier gilt es im Sinne einer guten Gesamtatmosphäre nachzufragen, denn auch schlechte Rahmenbedingungen verhindern gute Gespräche.
- Wenn sich Menschen in Pose bringen, wollen sie sich von ihrer besten Seite zeigen. Die „beste Seite“ ist häufig eine von vielen Klischees geprägte Form, gut dazustehen. Hier gibt es auch viele geschlechtsspezifische Unterschiede. Während sich Männer gerne über ihre normale Statur hinaus ausdehnen, um größer und „männlicher“ zu erscheinen, nehmen sich Frauen in ihrer Körperhaltung eher zurück, die Arm- und Beinhaltung wird enger, die Bewegungen sind wenig ausladend. Für den Energiefluss stellen Posen dieser Art oft eine Einschränkung dar. Wir sind mehr mit der Selbstdarstellung

und ihrer vermeintlichen Wirkung als mit dem Geschehen zwischen den GesprächspartnerInnen befasst. Auch hier hilft es, bei sich selbst und beim Gegenüber für Entspannung zu sorgen.

- In offiziellen oder verunsichernden Gesprächssituationen erstarren manche Menschen zusehends. Ihre Bewegungen wirken dann steif und ungelenk. Eingezwängt in ein Korsett aus Kontrolle und Angst reduzieren sich Gestik, Mimik und letztendlich auch die Stimme auf ein Minimum. In diesem Fall tun wir gut daran, die Situation aufzulockern. Wenn unsere GesprächspartnerInnen erstarren, ist ein bewegtes und bewegendes Gespräch eher unwahrscheinlich. Hier ist ein Ortswechsel hilfreich (z. B. zur nah gelegenen Cafeteria oder auch nur zur Besprechungsecke) oder der Versuch, auch kommunikativ neue Wege zu gehen. Vor allem sollten wir Sicherheit senden und mit unserer inneren Haltung das Gegenüber zum Dasein einladen.
- Um bloß nicht zu steif zu wirken, werden andere Menschen in Gesprächssituationen betont locker. Bei einer Rede lassen sie sich eher etwas hängen und wenn sie uns gegenüber sitzen, breiten sie sich in ihrem Sessel aus. Ihre ganze Haltung scheint uns sagen zu wollen: „Du machst mir keine Angst!“. Auch ein Zuviel an Lockerheit ist Anstrengung und Arbeit. Deshalb sollten wir auch diese Menschen mit unserer inneren Haltung dazu einladen, auf ihre Posen zu verzichten und in aller Ruhe dazusein.

## 5.5 Stimme und Sprache beachten

### Die Stimme

Ebenso wie die Körpersprache transportiert auch die Stimme viele Informationen und gibt so Aufschluss über das Wohlbefinden der jeweiligen GesprächspartnerInnen. Doch auch hier sei vor einfachen Zuweisungen gewarnt. Wer seinen GesprächspartnerInnen gerecht werden will, sollte die Interpretation wahrgenommener Signale immer wieder überprüfen. Wenn wir uns auf die Stimme des Gegenübers konzentrieren, können wir zuweilen die Stimmung heraus hören. Wenn die Stimme stimmt, berührt sie uns mit Klarheit, Offenheit und Behutsamkeit. Die Stimme ist ansprechend, nichts lenkt uns davon ab, zuzuhören.

- Bei manchen Menschen spüren wir sofort, dass die Stimme nicht stimmt. Sie hört sich zu hoch oder zu tief, schrill, aggressiv, gequält oder unbeteiligt an. Dabei kommt es wohlbemerkt nicht auf die objektiven Fakten an, sondern auf den Eindruck, den eine Stimme hinterlässt. Wer das Gegenüber gut kennt, kann beurteilen, ob sich die Alltagsstimme in der konkreten Gesprächssituation verändert hat. Falls die Kollegin grundsätzlich einen jammernden Unterton in der Stimme hat, so ist das für die aktuelle Situation weniger aussagekräftig, als wenn wir diesen Ton heute zum ersten Mal bei ihr wahrnehmen. Dann lohnt es sich, gezielt nachzufragen und das Gespräch entsprechend zu lenken.
- Manche Menschen sprechen immer mit einer leisen Stimme. Das kann unterschiedlichste Gründe haben und ist nicht zu bewerten. Werden diese Menschen aber laut, so ist das ein Signal. Der Nachdruck, der sich über die veränderte Lautstärke ausdrückt, weist vielleicht darauf hin, wie wichtig

dem Gegenüber sein Anliegen gerade ist. Man tut gut daran, achtsam damit umzugehen.
Spricht ein „Lautsprecher“ in einer bestimmten Situation sehr leise, so transportiert er damit ebenfalls wichtige Informationen, die bei einer guten Gesprächsführung zu beachten sind: Was ist geschehen, wenn die sonst sehr wortgewandte und unüberhörbare Mutter heute fast kleinlaut wirkt? Hat sich ihre Situation verändert? Gibt es einen besonderen Zusammenhang zum Thema? Wenn sich ein Gesprächspartner heute häufig räuspern muss, so kann auch das ein Hinweis auf einen inneren Druck sein. Vielleicht ist es ihm unangenehm, vor den Anwesenden über das heikle Thema zu sprechen. Vielleicht ist er unsicher, ob sein Anliegen angemessen ist. Vielleicht gibt es eine Scheu gegenüber anwesenden Personen. Wer diese Signale berücksichtigt, wird das Gespräch so führen, dass sich die GesprächspartnerInnen weitmöglichst entspannen können. Denn das ist die Basis eines guten Gesprächs. Ist die Gesprächspartnerin einfach nur erkältet, hilft es auch schon, ein Hustenbonbon anzubieten.

## Die Sprache

Auch die gewählte Sprache gibt Aufschlüsse über die Befindlichkeit von GesprächspartnerInnen. Wichtig ist ebenfalls die Wahrnehmung von Unterschieden zur Gewohnheitssprache in der aktuellen Gesprächssituation.

- Spricht eine Kollegin in strengem Ton oder verwendet sie eine sehr offizielle Sprache mit Tendenz zur unanfechtbaren Wortwahl, ist es ihr vermutlich sehr ernst. Eine solche Sprache kann auch darauf hinweisen, dass sich die Beziehung in Richtung Macht und Kontrolle verändert hat. Der Konflikt, der hier zu Grunde liegt, muss auf den Tisch, damit sich die Sprache wieder entspannen kann.

- Flapsigkeit und Coolness in der Sprachwahl können signalisieren, dass sich jemand Mühe gibt, besonders locker, entspannt und modern zu wirken. Diese Menschen nehmen sprachlich eine Pose ein, mit der sie imponieren wollen – auch ein Hinweis darauf, dass sie sich so, wie sie sind, nicht sicher und angenommen fühlen.
- Ein stark verallgemeinernde Sprache kann darauf hinweisen, dass jemand unsicher ist, den eigenen Standpunkt zu formulieren. Wer so spricht, fühlt sich wohler im scheinbar Allgemeingültigen, da, wo sich keine Differenzen auftun, denn dann muss er das eigene Anliegen nicht so deutlich zeigen. „Die Eltern wollen …!" sagt sich für viele Menschen leichter als „Ich will …!". Wir sollten solche Signale ohne Bewertung zur Kenntnis nehmen und durch geeignete Gesprächsführung einen Raum entstehen lassen, in dem sich Menschen eingeladen fühlen, sich als selbständige Person mit eigener Wahrnehmung, eigenen Gefühlen und eigenen Meinungen zu zeigen.

Warum Menschen im Laufe ihres Lebens eine bestimmte (Körper-)Sprache entwickelt haben, hängt von vielen Faktoren ab. Für die alltägliche Gesprächspraxis ist es in der Regel nicht wichtig, die Hintergründe zu kennen. Auch sei an dieser Stelle dringend davor gewarnt, allzu viel in die wahrgenommenen Signale hinein zu psychologisieren. Für ein gleichberechtigtes Gespräch ist es sinnvoller, die Signale zur Kenntnis zu nehmen und sie zur Grundlage einer Gesprächsführung zu machen, die annehmend, wertschätzend und menschlich ist.

# 6 Das Gegenüber verstehen

Um den Standpunkt des Gegenübers richtig zu verstehen, kommt neben einer genauen Wahrnehmung der Kunst des Fragens eine große Bedeutung zu. Mit Fragen kann man Informationen sammeln, die für das Nachvollziehen einer anderen Position wichtig sind. Außerdem stellen Fragen ein vielseitiges Instrument zur Gesprächsführung dar.

Die Grundvoraussetzung für eine gute Frage ist eine innere Haltung, die auf dem Wunsch nach Erkenntnis und Erweiterung basiert. Dazu muss man sich für neue Gedankengänge und andere Meinungen öffnen. Diese Offenheit verlangt eine gute Portion Selbstsicherheit, denn was man erfährt, kann die eigenen Ansichten verändern. Nur wer bereit ist, eine solche Veränderung hinzunehmen, wird wirklich gute und interessierte Fragen stellen.

In der Praxis zeigt sich immer wieder, dass die Umsetzung einer guten Fragetechnik recht schnell gelingt. Viel schwieriger ist es, in den jeweiligen Gesprächssituationen überhaupt auf die Idee zu kommen, einladende Fragen zu stellen. Viele Menschen sind von einem Kommunikationsstil geprägt, der das aktive Vertreten des eigenen Standpunktes in den Vordergrund stellt. Im Zweifelsfall scheint es uns dann doch wichtiger zu sein, dass das Gegenüber weiß, was wir denken, als dass wir wissen, was das Gegenüber denkt. Aber warum sollten sich GesprächspartnerInnen für unsere Sichtweise interessieren, wenn wir dieses Interesse umgekehrt nicht auch aufbringen? Fragen zu stellen, ist relativ einfach. Sie stellen zu wollen, bedarf zunächst der Bereitschaft, dem Gegenüber Raum zu geben und für eine gewisse Zeit die eigene Position in den Hintergrund zu stellen. In dieser Phase der Überzeugungsarbeit kommt es darauf an, sich in das Denken der GesprächspartnerInnen hineinzuversetzen. Manchen hilft die Vorstellung, innerlich bewusst einen Hebel umzulegen, der in den Fragemodus umschaltet. Wer sich für eine Phase des gemeinsamen Gesprächs auf Fragen konzentriert und die Antworten auch in Empfang nimmt, kann später zielgenauer und überzeugender die Vorteile der eigenen Position für das Gegenüber vermitteln. Das heißt natürlich nicht, beim Fragen stehen zu bleiben. Im richtigen Moment muss der Schalter auch wieder umgelegt werden, wenn unterschiedliche Positionen erfolgreich in Reibung gebracht werden sollen (vgl. Kapitel 7).

## 6.1 Der Dreischritt des Fragens

Der Dreischritt des Fragens ähnelt in seiner Struktur dem Dreischritt der Argumentation (vgl. Kapitel 3.3).

Wer sich auf eine Frage vorbereitet, sollte zunächst klären, was er genau wissen will. Daraus wird eine kurze und konkrete Frage formuliert. Gelingt das nicht, ist das Anliegen noch zu undifferenziert. In diesem Fall müssen wir weiter graben, bis es möglich ist, einen Fragesatz in klarer Form zu formulieren.

„Was haltet ihr von unserem Kinderbuchsortiment?“

Wenn die Gesprächsatmosphäre offen und vertrauensvoll ist, reicht ein solcher Fragesatz schon aus, um die GesprächspartnerInnen zum Antworten einzuladen. Vielleicht wollen die Befragten noch den Grund für die Frage wissen und man tut gut daran, sich dann nicht mit der Antwort zurückhalten.

Gibt es aber Spannungen, Misstrauen und Unsicherheiten, so kann durch eine solche Frage eine Art Frage-Allergie aktiviert werden. Viele Menschen kennen Fragen aus einem unangenehmen Zusammenhang, z. B. aus der Schulzeit, als es oft nur darum ging, Wissen einzuschätzen und zu bewerten. Wohl dem, der immer die richtige Antwort parat hatte. Wer hier schlechte Erfahrungen gemacht hat, wird vielleicht ein grundsätzliches Unwohlsein gegenüber Fragesituationen aufgebaut haben. Um sich davor zu schützen, hinterher als der Dumme dazustehen, begegnen viele Menschen einer Frage mit Misstrauen. Warum will die das wissen? Wo ist der Haken? Welche Antwort erwartet er denn jetzt? Wer misstrauisch ist, verliert seine ursprüngliche Offenheit und wird nicht mehr ganz so bereitwillig auf Fragen antworten.

Um diese Misstrauen gar nicht erst aufkommen zu lassen oder wieder zu beruhigen, sollten wir uns klar machen, warum wir diese Frage stellen.

> „Für mich ist es an der Zeit, das Konzept der von uns angebotenen Kinderbücher grundsätzlich zu überdenken. Daher meine Frage: …“

Auch beim Fragen müssen wir die Ohren der GesprächspartnerInnen für das Anliegen öffnen. Eine gute Möglichkeit ist es, in einer Einleitung kurz den Zusammenhang zu verdeutlichen, in dem die Frage steht.

> „Wir haben zum Jahresende noch einmal die Möglichkeit, Kinderbücher anzuschaffen.“

Nach dieser gedanklichen Vorbereitung hat die Frage nun alles, was sie braucht und lautet in ihrer ausführlichen Form:

1. Schritt: „Wir haben zum Jahresende noch einmal die Möglichkeit, Kinderbücher anzuschaffen."

2. Schritt: „Für mich ist es an der Zeit, das Konzept der von uns angebotenen Kinderbücher grundsätzlich zu überdenken. Daher meine Frage …"

3. Schritt: „Was haltet ihr von unserem Sortiment an Kinderbüchern?"

Es ergibt sich also folgende Struktur für den Aufbau einer Frage:

| | |
|---|---|
| Einstieg | Wie öffne ich die Ohren meiner ZuhörerInnen? |
| Herleitung | Warum will ich das wissen? |
| Fragesatz | Was will ich wissen? |

Bei diesem Aufbau steht die eigentliche Frage kurz und knapp am Schluss. Dadurch haben die ZuhörerInnen eine klare Orientierung und wissen genau, was wir wollen. In vielen Diskussionen kann man leider anderes beobachten. Da stellt jemand eine Frage und schiebt so viele eigene Gedanken nach, dass man sich schließlich gar nicht mehr an die ursprüngliche Frage erinnern kann: „Ich hätte da mal eine Frage, ich wollte eigentlich wissen …, denn es ist doch so, dass …". Damit wird die Chance auf eine weiterführende Antwort oft verspielt.

Zum Trost für alle, die – statt zu fragen – doch wieder der Versuchung erlegen sind, vor allem ihre eigene Meinung kundzutun, bietet dieser Frageaufbau eine gute Möglichkeit, das Ruder mit dem dritten Schritt noch einmal herumzureißen:

„Meiner Meinung nach sollten wir unbedingt … Was halten Sie davon?“

Durch die Einleitung der Frage kann man auch immer wieder einen roten Faden in ein Gespräch legen. In der Praxis beziehen sich nur wenige Menschen auf die Beiträge der VorrednerInnen. Das ist auch von sehr aufmerksamen GesprächspartnerInnen nicht immer zu vermeiden. Mit der Einleitung wird verdeutlicht, auf welchen Punkt der Diskussion man sich bezieht. Dadurch entsteht eine Kontinuität auf der Sachebene, die vielen Diskussionen zu wünschen ist.

„Ich möchte noch mal auf deinen ersten Vorschlag eingehen …“

„Sie haben vorhin die Gruppengröße in unserer Einrichtung angesprochen …“

„Bisher ging es hauptsächlich um die Frage, ob wir das neue Klettergerät bezahlen können. Ich möchte noch mal eine ganz andere Ebene ansprechen …“

## 6.2 Fragetechniken und ihre Wirkung

Für ein sachorientiertes Gespräch mit dem Ziel einer nachhaltigen Überzeugungsarbeit reicht der Dreischritt des Fragens vollkommen aus. Er hat alles, was eine gute Frage benötigt, denn er vermittelt Interesse, lädt zur Antwort ein, gibt Orientierung und bringt die Sache auf den Punkt.

Es gibt allerdings noch eine Vielzahl anderer Frageformen, die alle unterschiedliche Ziele und Wirkungen haben. Manche dieser Frageformen sind klar auf Manipulation ausgerichtet, andere sind speziellen Sprechsituationen vorbehalten. Wir sollten die Wirkungsweisen dieser Frageformen kennen, um sie bei Bedarf einzusetzen und uns nicht über die Reaktionen der GesprächspartnerInnen zu wundern. Das Wissen um die Wirkungsweisen von Fragetechniken bietet auch Schutz und Orientierung, wenn wir selbst einmal befragt werden. Wer erkennt, woher der Wind weht, kann schneller und sicherer entscheiden, wie er die Segel setzen will. Daher hier eine Auswahl der gängigsten Fragetechniken:

## Öffnende Fragen

> „Gestern hat der Gemeinderat getagt. Was halten Sie von den neuen Plänen der Stadt?“
>
> „Morgen werden die neuen Büromöbel geliefert. Wie sollen wir damit umgehen?“
>
> „Was glaubst du, warum es bei diesem Thema immer zum Streit zwischen den Eltern kommt?“

Öffnende Fragen sind so gebaut, dass sie nicht einfach mit „ja“ oder „nein“ beantwortet werden können. Die GesprächspartnerInnen werden dazu eingeladen, ihre Ideen darzulegen und ihre Gedanken zu entwickeln. Daher sind solche Fragen in einem konstruktiven Gespräch oft anzutreffen. Ist das Gegenüber wortkarg und schüchtern, so kann man den Aufforderungscharakter öffnender Fragen nutzen und zum Austausch einladen.

Öffnende Fragen verzichten ganz bewusst auf starke Lenkung. Bei ausschweifenden GesprächspartnerInnen sind sie deshalb in der Regel kein geeignetes Mittel, da sie in ihrer Offenheit zu wenig Orientierung geben. Wenn GesprächspartnerInnen bewusst oder unbewusst vom eigentlichen Thema abweichen wollen, laden wir sie mit öffnenden Fragen geradezu dazu ein.

## Schließende Fragen

„Wer soll denn nun am Wochenende den Telefondienst übernehmen?"

„Wann hat die Mutter von Katja gestern angerufen?"

„Haben sich die Eltern schon häufiger bei dir beschwert?"

„Wie heißt der zuständige Sachbearbeiter?"

Schließende Fragen zielen auf eine kurze, knappe Antwort ab. Sie haben dadurch eine stark lenkende Wirkung. Mit dieser Frageform kann man sehr gezielt Informationen einholen – wenn das Gegenüber mitspielt.

Diese Methode bietet sich immer dann an, wenn lediglich faktenähnliche Informationen benötigt werden, die dann in den eigenen Sinnzusammenhang eingeordnet werden. Schließende Fragen bringen zuweilen Schwung und Tempo in wortreiche, aber inhaltsarme Diskussionen. Sie helfen mit, die Fakten erst einmal auf den Tisch zu legen und lassen die Luft aus allzu aufgeblasenen Selbstdarstellungen raus.

Wenn sich GesprächspartnerInnen nicht gern in die Karten sehen lassen wollen oder sich um eine klare Aussage herumdrücken, dienen schließende Fragen durch ihre einengende Form dazu, die Sache auf den Punkt zu bringen. Sie haben dann den Charakter von Festlegung und Beweisführung.

Wenn sich GesprächspartnerInnen nicht einengen lassen wollen, werden sie immer wieder versuchen, dem ausgespannten Netz zu entkommen. Das ist ihr gutes Recht. Wenn sie aber zum Beispiel auf Grund ihrer Funktion in der Pflicht stehen, klare Aussagen zu einem bestimmten Sachverhalt zu machen, sollte man nicht aufgeben, sie dingfest zu machen.

Der Druck, der durch schließende Fragen aufgebaut werden

kann, belastet unter Umständen die Beziehungsebene und führt zu Spannungen. Wer sich gegenüber dem anfänglichen Widerstand des Gegenübers durchsetzen will, muss diese Spannung jedoch aushalten. Das ist dann der Fall, wenn man zum Beispiel mehr Geld oder Ressourcen von Vorgesetzten verlangt oder endlich Klarheit über den Ablauf eines bestimmten Vorfalls gewinnen möchte. Wenn es aber nicht um Durchsetzung, sondern um Überzeugung geht, wenn also die Freiwilligkeit im Vordergrund steht, sollten wir den Widerstand auf schließende Fragen als Zeichen nehmen, dass nun eine Grenze erreicht ist. Die GesprächspartnerInnen fühlen sich ausgefragt oder gar verhört und wollen das nicht mehr.

Wer selbst gegen den eigenen Willen „verhört" wird, sollte dafür sorgen, dass er wieder in die Öffnung kommt:

> „Diese Frage kann ich nicht mit einem einfachen ‚Ja' oder ‚Nein' beantworten."
>
> „Bevor ich deine Frage beantworte, möchte ich noch etwas zum Hintergrund meiner Antwort sagen."
>
> „Der Namen des Sachbearbeiters tut hier nichts zur Sache."

## Alternativfragen

> „Willst du den Früh- oder den Spätdienst übernehmen?"
>
> „Möchtest du das blaue oder das grüne Regal für unser Büro kaufen?"
>
> „Übernehmen Sie die Kosten für den Umbau oder nicht?"

Alternativ- oder Entscheidungsfragen sind eine Variante der schließenden Frage. Es werden zwei Möglichkeiten angeboten, zwischen denen das Gegenüber auswählen kann oder muss. Darin liegt ein hoher Servicecharakter, aber auch eine große Manipulationsgefahr. Alternativfragen dienen der sachorientierten Kommunikation nur dann, wenn die Alternativen fair gewählt und beide Seiten gleichermaßen positiv formuliert werden.

Wenn jemand lediglich zwei Alternativen zum Entscheiden anbietet, obwohl es noch andere Möglichkeiten gibt (neben dem Spaziergang und der Fahrradtour auch noch der Fernsehnachmittag oder das Mittagsschläfchen), dann sollten wir diese Frage so nicht beantworten und den Weg in die Öffnung einschlagen.

### Suggestivfragen

> „Sind Sie etwa der Meinung, dass …?“
>
> „Gehören Sie, werte Kollegin, wirklich zu den Menschen, die auch heute noch der Meinung sind, dass …?“
>
> „Glaubst du wirklich, dass du mit deinen dünnen Argumenten Erfolg haben wirst?“
>
> „Findest du nicht auch, dass wir diesen aufmüpfigen Eltern nicht endlich einmal einen Riegel vorschieben sollten?“

Suggestivfragen beinhalten bereits eine Meinung. Sie bieten Positionen, Wahrnehmungen oder Einschätzungen an, denen das Gegenüber nur noch zustimmen soll. Selbst wenn sie sehr sachlich gehalten sind, wirken sie manipulierend, denn den GesprächspartnerInnen wird eine bestimmte Verhaltensweise zumindest nahe gelegt. Den Fragenden ist die manipulierende Absicht nicht immer bewusst. Manche Menschen greifen unbewusst zu Suggestivfragen, wenn sie selbst noch nicht entschieden sind, ob sie ihre Meinung kundtun wollen. Bei anderen sind Suggestivfragen ein Hinweis darauf, dass sie sich nicht wirklich für die Antwort des Gegenübers interessieren.

Offen manipulierend sind Suggestivfragen dann, wenn sie auch auf der Beziehungsebene Bewertungen vornehmen, die die Freiheit des Gegenübers zur eigenen Sichtweise einschränken. Wer wissen will, was sein Gegenüber denkt, sollte auf Suggestivfragen verzichten.

Sind wir selbst mit Suggestivfragen konfrontiert, können wir uns souverän für unseren eigenen Weg entscheiden.

> „Doch, der Meinung bin ich, und ich sage Ihnen auch gerne, wie ich dazu komme …"
>
> „Ich glaube gar nicht, dass meine Argumente dünn sind."
>
> „Wenn dich interessiert, was ich dazu wirklich denke, solltest du mir nicht solche Fragen stellen!"

## Rhetorische Fragen

> „Wer freut sich nicht am fröhlichen Spielen dieser Kinder?"
>
> „Was kannst du dazu noch einwenden?" (Nichts, was Bedeutung hätte!)
>
> „Wie können wir nun diesem Problem begegnen? – Da gibt es zunächst …"

Rhetorische Fragen geben sich selbst die Antwort. In monologischen Gesprächssituationen wie bei der Rede oder dem Vortrag sind sie ein hilfreiches Mittel zur übersichtlichen Gliederung.

Die Zuhörenden wissen dann schnell, um was es geht und hören aufmerksamer zu. Im Dialog stellen sie eine Variante der Suggestivfragen dar und wirken sich oft negativ auf der Beziehungsebene aus. So fühlt sich ein Angesprochener zum Beispiel oft von der Geräuschkulisse der Kinder gestört. Nach einer solchen (Schein-)Frage wird er sich mit dieser Ansicht allerdings zurückhalten.

## Fangfragen

> „Hast du deine Kollegin gestern eigentlich mal auf dem Spielplatz gesehen?"
>
> „Wenn Sie die Wahl hätten, für welche Vorgesetze würden Sie sich denn entscheiden?"
>
> „Wenn ich Ihren Urlaubsantrag unterschreibe, kann ich dann am Wochenende bei der Spielplatzeinweihung mit Ihrem vollen Einsatz rechnen?"

Fangfragen bringen die GesprächspartnerInnen immer in eine schwierige Situation. Entweder sollen sie Auskunft geben über etwas, worüber sie eigentlich nicht sprechen wollen. Oder sie würden mit einer ehrlichen Antwort andere in Schwierigkeiten bringen. Manche Fangfragen bringen Dinge in einen Zusammenhang, der so nicht besteht. All das erhöht den Druck auf das Gegenüber. Wenn man dennoch auf diese Fragen eine Antwort bekommt, leidet die Beziehungsebene beträchtlich. Das Gegenüber schaltet zumindest innerlich auf Abwehr – und das zu Recht.

Sehen wir uns selbst Fangfragen gegenübergestellt, müssen wir unseren Mut zusammennehmen und uns in die Konfrontation wagen.

„Wenn du wissen willst, was meine Kollegin gestern gemacht hat, frage sie doch bitte selbst."

„Darauf möchte ich dir jetzt nicht antworten."

„Jetzt stelle ich einen Urlaubsantrag. Lassen Sie uns bitte später über die Einweihung des Spielplatzes sprechen."

## Gegenfragen

„Worauf wollen Sie hinaus?"

„Was interessiert dich an diesem Punkt so sehr?"

„Was verstehen Sie unter …?"

„Wie bekommst du denn selbst Kinder und Arbeit unter einen Hut?"

Mit Gegenfragen kann man auf Fragen reagieren, die man nicht versteht, die verunsichern oder misstrauisch werden lassen. Vor diesem Hintergrund sind sie ein guter Schutz gegen unsachliche oder angreifende Fragen. Sie können zu mehr Klarheit in der Sache und zu mehr Sicherheit in der Gesprächsbeziehung beitragen.

Gegenfragen sind aber auch eine Methode zur Abwehr und Ablenkung. GesprächspartnerInnen, die nicht zu einem bestimmten Sachverhalt Stellung nehmen wollen, obwohl sie eigentlich dazu verpflichtet sind, versuchen mit Gegenfragen oft, vom Thema abzulenken und den Ball zurückzuspielen. Wer häufig mit Gegenfragen arbeitet, vermittelt den Eindruck, sich nicht wirklich auf das Geben und Nehmen im Gespräch einlassen wollen.

Wer selbst mit Gegenfragen konfrontiert ist und sie nicht beantworten will, muss sich abgrenzen und beharrlich gegenlenken.

„Ich will auf nichts Bestimmtes hinaus. Ich möchte gerne von Ihnen wissen ..."

„Ich beantworte dir deine Frage gerne später, zunächst aber bitte ich dich, meine Frage zu beantworten."

„Ich sage Ihnen gern, was ich darunter verstehe. Zunächst würde ich aber gerne von Ihnen wissen ..."

„Über meine persönlichen Erfahrungen mit dem Thema möchte ich jetzt gar nicht reden. Meine Frage an dich war ..."

Wenn wir erfassen können, was mit unseren GesprächspartnerInnen ist, wo sie stehen und wie sie sich fühlen, können wir entscheiden, wie wir das Gespräch weiterhin lenken wollen.

## 6.3 Auf GesprächspartnerInnen gezielt reagieren

Nicht alle unsere GesprächspartnerInnen sind ruhig und gelassen, konstruktiv und gut strukturiert. Im Kommunikationsalltag gibt es viele Situationen, in denen es nicht klar und vernünftig, sondern wirr, aggressiv oder destruktiv zugeht. Man kann eine schwierige Gesprächssituation meistern, wenn man sich bewusst macht, dass es für jedes Verhalten Gründe gibt, Gründe, die man selbst oft nicht einschätzen kann und die dem Gegenüber nicht immer bewusst sind. Wer zum Beispiel mit aggressivem Verhalten konfrontiert ist, tut gut daran, die Gründe dafür nicht immer bei sich zu suchen. Um ein Gespräch lenken zu können, müssen wir nicht wissen, wer die Schuld an einem Gefühlsausbruch trägt. Viel wichtiger ist es in Erfahrung zu bringen, was die GesprächspartnerInnen benötigen, um gut weiterzureden. Vor allem lohnt es sich nicht, gegen die Gefühle des Gegenübers anzukämpfen: „Du hast kein Recht, dich so aufzuregen!“ oder „Deine Wut ist vollkommen unangebracht!“. Mit solchen Bemerkungen zwingt man GesprächspartnerInnen regelrecht dazu, an ihrer Aufregung und Empörung festzuhalten. Denn sie müssen erst einmal dafür kämpfen, dass sie so sein dürfen, wie sie sind.

Diese Art der Lenkung ist allerdings nur sinnvoll, so lange man dem Verhalten des Gegenübers wirklich gewachsen ist. Wer an seine eigenen Grenzen kommt, muss sich deutlich abgrenzen. Dabei machen sich Ich-Botschaften bezahlt. Im Gegensatz zu den Du-Botschaften („Du tust ...!“, „Du machst!“ ...), die oft Vorwürfe enthalten, teilen wir mit einer Ich-Botschaft etwas über uns mit: „Ich fühle mich deiner Wut gerade nicht gewachsen, bitte halte dich zurück!“ Für das Gegenüber ist eine solche Grenze leichter zu akzeptieren.

## Mit Wut und Aggression sachorientiert umgehen

Wer vor Wut schnaubend vor uns steht, ist nicht in der Lage und auch nicht bereit, sich überzeugen zu lassen. Aufgebrachte GesprächspartnerInnen müssen erst einmal Dampf ablassen, bevor sie für Argumente zugänglich werden. Die empörte Mutter benötigt zunächst Gelegenheit, ihre Wut auszudrücken. Um uns selbst und ihr dabei genug Schutz zu bieten, können wir sie freundlich, aber bestimmt an einen geeigneten Ort führen, wo ein Gespräch unter vier Augen möglich ist. Falls uns die erste Wucht ihrer Wut, ihrer Vorwürfe oder ihrer Aggressionen überfordert, können wir innerlich – manchmal auch tatsächlich – einen Schritt zurücktreten. Wenn man sich der Macht der Vorwürfe nicht gewachsen fühlt, ist die Distanz wichtig. Dabei muss Distanz ganz deutlich von Abwertung unterschieden werden. Anstatt ebenfalls aggressiv zu reagieren und damit ins Spiel einzusteigen, können wir auf kontrollierten Durchzug stellen, um uns sofort wieder einzuklinken, wenn der Druck nachlässt. Das geschieht in der Regel nach kurzer Zeit ganz automatisch. Ist das nicht der Fall, können wir mit entsprechenden Fragen zunächst behutsam, später auch beharrlicher das Gespräch auf den Punkt lenken, denn wir bearbeiten wollen.

„Was kann ich jetzt für Sie tun?"

„Was erwarten Sie in dieser Situation von unserer Organisation?"

„Wann ist Ihnen dieser Sachverhalt zum ersten Mal aufgefallen?"

Mit solchen Fragen wird eine Basis für ein sachorientiertes Gespräch aufgebaut. Wenn nach zwei, drei Antworten das Fahrwasser wieder ruhiger geworden ist, kann man damit beginnen, auch die eigene Sicht der Dinge einzubringen. Die Chance, dass das Gegenüber uns jetzt auch zuhört, ist wesentlich größer geworden.

## Abwertung und Beleidigungen souverän begegnen

Manche Menschen werden – vor allem wenn sie sich selbst in der Enge fühlen – in ihren Äußerungen abwertend und beleidigend. Auch wenn es den SenderInnen solcher Botschaften nicht immer bewusst ist, auf uns als EmpfängerInnen hat es eine schmerzliche Wirkung, besonders dann, wenn wir uns selbst nicht ganz wohl fühlen und eine Tendenz zur Selbstabwertung mitbringen. Dann vollziehen wir in unserem System nach, was das Gegenüber vielleicht nur angedeutet hat und verstärken somit die negative Botschaft.

Wer sich innerlich gut abgrenzt, hat einen sicheren Schutz vor derartigen Angriffen auf das Selbstwertgefühl und geht ihnen nicht so schnell auf den Leim. Abgrenzung geschieht, indem wir die Abwertungen oder Beleidigungen nicht persönlich nehmen, sie also außen vor lassen. Eine Möglichkeit besteht darin, das Ohr, das für die Beziehungsbotschaften zuständig ist, vorübergehend zu schließen (vgl. Schulz v. Thun 1981). Bei bewertenden Beziehungsbotschaften können wir uns so aufstellen, dass wir sie mehr als Aussagen über den Sender als den Empfänger aufnehmen.

Eine weitere Möglichkeit ist es, auf die Dinge hinter den Angriffen zu hören. Neben dem abwertenden Unterton gibt es immer auch eine Sache, um die es geht. Wer selbstbewusst ist, springt nicht mehr auf jeden Beziehungsangriff an und hat es so leichter, auf die Sache zu reagieren. Wieder sind Fragen das Mittel der Wahl. Mit einem kurzen Vorspann können wir dabei dezent signalisieren, dass wir die Abwertung wahrnehmen, aber nicht in den Mittelpunkt unseres Interesses rücken wollen.

> „Sie lassen ja gerade kein gutes Haar an meinem Vorschlag. Bitte sagen Sie mir noch einmal genau, was Sie an dieser Idee im Einzelnen stört."

> „Ich habe es heute nicht leicht, Ihnen meine Idee für die Umgestaltung des Außenbereichs schmackhaft zu machen. Dennoch möchte ich nicht so schnell aufgeben. Welche Kriterien sollte eine neue Gestaltung denn Ihrer Meinung nach erfüllen?"

> „Bevor Sie meinen Vorschlag in Bausch und Bogen verdammen, bitte ich Sie, sich die einzelnen Aspekte noch einmal genauer anzuschauen. Was halten Sie zum Beispiel von …?"

Wenn es gelingt, Abwertungen oder Beleidigungen nicht in unser Inneres eindringen zu lassen, und wenn wir darüber hinaus in der Lage sind, echtes Interesse an der Sache aufzubringen, nehmen wir eine Haltung zur Gesprächssituation ein, die uns nicht nur schützt, sondern uns auch den richtigen Ton finden lässt. Sind wir aber gerade nicht in der Lage, über bestimmte Äußerungen hinwegzuhören, ist eine deutliche Abgrenzung angebracht.

> „Ich bitte Sie, nicht in diesem Ton mit mir zu sprechen!“
>
> „Sie können mir gerne sagen, was Ihre inhaltliche Kritik an meinem Ansatz ist. Ihre abwertenden Bemerkungen zu mir als Person sollten Sie allerdings zurückhalten.“
>
> „Es mag sein, dass Sie meine Ansicht nicht teilen können. Dennoch bin ich nicht bereit, mich von Ihnen in dieser Art beleidigen zu lassen.“

Eine solche Abgrenzung erfordert Mut. Sie ist aber ein wirksamerer Schutz gegen weitere Verletzungen, als es ein Gegenangriff je wäre. Durch Gegenangriffe gießt man Öl ins Feuer. Die Situation kann eskalieren, sodass beide GesprächspartnerInnen die Spur verlieren.

Die meisten Menschen kennen Gegenwehr als Reaktion auf ihre Aggressionen und Beleidigungen. Sie sind daher auch gut auf den Gegenangriff vorbereitet. Wer also auf den Rückschlag verzichten kann, bringt frischen Wind ins Geschehen. Wenn wir immer wieder zum Gespräch einladen und echtes Interesse für die Dinge hinter den Dingen aufbringen, müssen unsere GesprächspartnerInnen umdenken.

## VielrednerInnen elegant stoppen

Wer es mit VielrednerInnen zu tun hat, sollte sich die möglichen Gründe für dieses Verhalten bewusst machen. Jeder Mensch möchte mit seinem Anliegen gehört werden. Die Mutter, die viel und lange redet, hat vielleicht schon oft die Erfahrung gemacht, dass ihr nicht zugehört wird oder dass das, was sie mitteilt, sang- und klanglos untergeht. Also versucht sie, sich wortreich Gehör zu verschaffen. Damit erreicht sie leider oft das Gegenteil. Die meisten Menschen reagieren auf DauerrednerInnen, indem sie die Ohren auf Durchzug schalten, mit der Aufmerksamkeit zum eigenen Anliegen wandern und auf eine Atempause hoffen, um endlich selbst zu Wort zu kommen. Wir gehen am liebsten gar nicht erst auf die Äußerungen des anderen ein, damit sie nicht noch mehr Raum bekommen. Das Gegenüber wird sich dadurch in seiner Annahme bestätigt fühlen: „Mir hört niemand zu!"

Dieser Teufelskreis kann unterbrochen werden. Dazu muss das Bedürfnis befriedigt werden, das hinter dem Dauerreden liegt. Aktives Zuhören kann das Gespräch manchmal auf eine ausgewogenere Bahn lenken. Durch konkretes Nachfragen wird Interesse am Thema vermittelt und wir zeigen, dass wir ganz Ohr sind, bereit, uns mit dem Gehörten auseinander zu setzen. Manchmal muss man dazu den Redefluss des Gegenübers unterbrechen. Mit Einfühlungsvermögen und innerer Zugewandtheit findet man den richtigen Moment dazu. Eine solche Unterbrechung ist in der Regel weit konstruktiver, als das Gegenüber ausreden zu lassen und nur noch so zu tun, als ob man zuhört.

Wir müssen nicht immer massiv werden, um DauerrednerInnen zu unterbrechen. Oft reicht eine Handbewegung oder eine Veränderung der Körperhaltung. Wenn die GesprächspartnerInnen dann die Erfahrung machen, dass wir auf sie eingehen und ihr Beitrag nicht weggewischt wird, kann sich langsam Vertrauen aufbauen. Auch durch nonverbale Signale wie Blickkontakt oder Nicken kann dieses Interesse vermittelt werden. Allerdings sollten diese Signale ehrlich gemeint sein. Wenn wir nur so tun als ob, riechen sensible GesprächspartnerInnen den Braten und sind – nun auch zu Recht – noch mehr verunsichert oder verärgert.

> „Was ist also genau dein Kernpunkt?"
>
> „Genau an diesem Punkt möchte ich einhaken …"
>
> „Und welche Erfahrungen haben Sie bisher mit der Umsetzung gemacht?"

Wenn es auf diesem Weg nicht gelingt, den Redefluss zu stoppen, geht es auch hier um klare Grenzen, anstatt sich mit einem genervten Blick zum Himmel aus der Gesprächsbeziehung zu verabschieden. Eine wirksame Grenze darf keine Vorwürfe enthalten. „Darf ich jetzt vielleicht auch mal was sagen?!" Solche Aussagen reizen das Beziehungsohr der GesprächspartnerInnen und sind daher wenig hilfreich. Hier sind wieder klare Ansagen in Form von Ich-Botschaften gefragt.

> „Bevor du fortfährst, möchte ich gerne auf dein erstes Argument eingehen."
>
> „Ich möchte Sie hier kurz unterbrechen, da ich sonst Ihrem Vorschlag nicht mehr folgen kann."
>
> „Lass uns bitte Schritt für Schritt vorgehen. Bisher habe ich verstanden, dass …"
>
> „Moment! Dazu würde ich dich gerne etwas fragen. Du sagst, dass …"

Es gibt also viele Möglichkeiten, aktiv einzugreifen und gegenzulenken, ohne aus der Gesprächsbeziehung auszusteigen und ohne die Achtung vor den GesprächspartnerInnen zu verlieren.

## Spannung in die Sache bringen

Bei manchen GesprächspartnerInnen gelingt es trotz gutem Willen nicht, aufmerksam zuzuhören. Das kann zum einen mit der eigenen Tagesform zusammenhängen, zum anderen kann es sein, dass wir noch mit einem andern Thema oder einer anderen Situation verbunden sind. Wenn man solche Ursachen ausschließen kann, liegt es unter Umständen am Redestil des Gegenübers.

Langeweile entsteht, wenn die Sprechenden selbst nicht bei der Sache sind, um den heißen Brei herumreden, im Nebel herumstochern oder eher abstrakt und verallgemeinernd reden. Statt sich gelangweilt aus der Gesprächsbeziehung zu verabschieden, kann man aktiv in den Gesprächsverlauf eingreifen und so gegensteuern. Wer schon ein bisschen abgedriftet ist, kann sich zunächst in der gesamten Körperhaltung wieder aufrichten und so aktiv werden. Nach dieser kleinen Aufmunterung, kann man den Gesprächsverlauf mit folgenden Maßnahmen lenken:

- Wenn jemand sehr abstrakt redet, können wir um konkrete Beispiele bitten.
- Wer wortreich und unklar um eine mögliche Kernaussage herummäandert, kommt durch den Wunsch nach der zentralen Aussage leichter auf den Punkt.
- Wenn das Gegenüber scheinbar den Überblick über sein Anliegen verloren hat, bieten wir eine Zusammenfassung dessen an, was wir bisher verstanden haben.
- Wenn das Gesagte unverständlich ist, sollten wir so lange nachfragen, bis wir verstanden haben.

## Das Interesse am Gespräch wecken

Manche Gespräche kommen einfach nicht in Fahrt. In der Teamsitzung schleppen sich die Beiträge so dahin, die Vorschläge verlaufen regelmäßig im Sand, die Stimmung wird schwer. Das fehlende Interesse der GesprächspartnerInnen ist eine der möglichen Ursachen. Die Bitte um anschauliche Beispiele oder auch konkrete Nachfragen bringen dann wieder Schwung ins Gespräch und laden zu mehr Aktivität ein. Manchmal hilft auch eine kleine Provokation, die sich allerdings auf die Sachebene beziehen sollte. Auf der Beziehungsebene wirken Provokationen oft belastend. Daher sei dieser Weg nur geübten und sehr einfühlsamen Gesprächsteilnehmern angeraten.

- „Für das, was Sie da sagen, habe ich ein ganz konkretes Beispiel …"
- „Hast du persönlich schon Erfahrungen mit diesem Thema gemacht?"
- „Mal ganz ehrlich, macht es uns wirklich noch Spaß, immer wieder eine Weihnachtsfeier zu organisieren?"

Wenn diese Lenkungsversuche nicht fruchten, können wir das sichtbare Desinteresse auch direkt ansprechen. Das bietet die Chance, die Gesprächsbeziehung neu zu gestalten, um anschließend auch auf der Sachebene weiter voran zu kommen.

> „Es kommt mir so vor, als ob dich die Sache heute nicht so recht interessiert. Was ist los?"
>
> „Ich erlebe unser Gespräch gerade als sehr schleppend. Hast du eine Idee, woran das liegt?"

> „Unsere Teamsitzung war auch schon mal spritziger. Ich schlage vor, dass wir eine kurze Frischluftpause machen und danach klären, was jede heute noch hier erarbeiten will.“

Falls das Gegenüber den zugespielten Ball nicht aufgreift, sollte man nicht auf der eigenen Wahrnehmung beharren, denn man würde sich bald in eine echte Beziehungsstörung hineinmanövrieren.

## Ängstlichkeit vertreiben

Wer sein Gegenüber aufmerksam wahrnimmt, kann zuweilen Anspannung oder Ängstlichkeit spüren. Eine solche Reaktion hat viele Ursachen. Einer Mutter ist es möglicherweise sehr unangenehm, dass sie ihre Beschwerde hier und jetzt vortragen muss. Die Vorgesetzte befürchtet, die Mitarbeiterin zu verletzen, wenn sie Klartext redet. Dem Kollegen fällt es vielleicht grundsätzlich schwer, den eigenen Standpunkt klar und offensiv zu vertreten. Alle drei möchten am liebsten so schnell wie möglich aus dieser Gesprächssituation entlassen sein, auch wenn sie sie selbst herbeigeführt haben.

Wenn wir uns von dieser Unsicherheit anstecken lassen, ist das Gespräch tatsächlich schnell vorbei, ohne dass sich auf der Sachebene etwas bewegt hätte. Das Problem ist nur verschoben. Konflikte schwelen dann im Untergrund weiter, Meinungsverschiedenheiten werden unter den Teppich gekehrt, vorhandenes Engagement kommt nicht zum Tragen.

Es hilft alles nichts, die Gesprächspartner müssen ihre Ängstlichkeit überwinden. Oft reicht es aus, in liebevoller Gelassenheit und mit Einfühlungsvermögen präsent zu bleiben und sich nicht mit ins Boot ziehen zu lassen. Stattdessen kann man

GesprächspartnerInnen über schwierige Stellen hinweglocken. Dabei ist es von großem Nutzen, wenn wir uns bisher als vertrauenswürdig erwiesen haben.

Wir können in die Rolle der Geburtshelferin schlüpfen, immer wieder Vorschläge und Angebote machen und Einladungen aussprechen, das Schwierige zu tun. Auch durch Fragen kann man Brücken bauen. Allerdings sei vor jeglicher Form der Manipulation und der Überversorgung gewarnt. Wer ängstliche oder angespannte GesprächspartnerInnen abwertet, hat weder für die Beziehung noch für die Sache etwas erreicht. Wenn es aber gelingt, mit geduldiger Beharrlichkeit im Kontakt zum Gegenüber und zum Thema zu bleiben, finden sich Wege durch das Nadelöhr eines angespannten Gesprächs.

> „Mit welchem Anliegen sind Sie denn heute hier?"
>
> „Mein Vorschlag ist, dass wir erst einmal beide aufschreiben, was unsere Wünsche an die Gestaltung des neuen Dienstplanes sind und dass wir dann darüber ins Gespräch kommen."
>
> „Auch für mich ist es nicht leicht, in dieser Sache eine endgültige Entscheidung zu treffen. Versuchen wir also beide, uns die Angelegenheit so angenehm wie möglich zu gestalten."

# 7 Standpunkte in Reibung bringen – Neues entsteht

In diesem Kapitel geht es um das Herzstück der Überzeugungsarbeit, dem Tanz der Argumente. Der Grundschritt dieses Tanzes heißt Geben und Nehmen. Es wird gezeigt, wie wir Gespräche so führen können, dass eine gute Atmosphäre und Raum für die eigenen Argumente entsteht.

Wer die eigene Position sicher und klar vertritt und sich auf das Denken und Fühlen der GesprächspartnerInnen einlassen kann, hat den Boden für das Kernstück der Überzeugungsarbeit bereitet. Nun müssen die Standpunkte miteinander in Reibung gebracht werden. Reibung geschieht dann, wenn sich die Argumente ungehindert begegnen können. Reibung setzt Kontakt

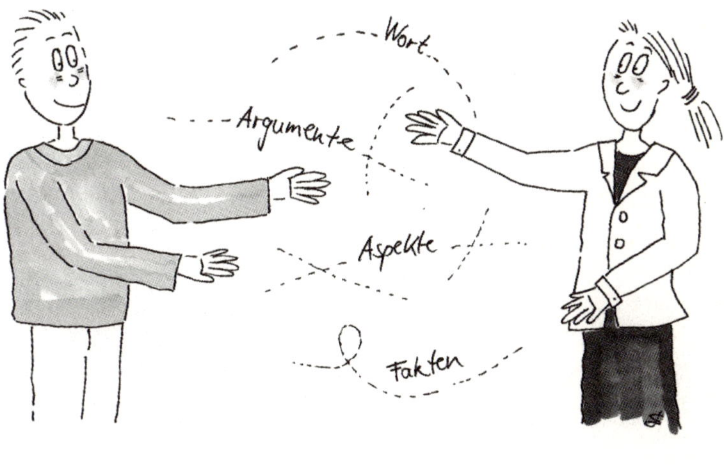

und Anziehung voraus. Abwehr und Abwertung verhindern genau diesen Kontakt, ohne den der Prozess des Überzeugens kaum in Gang zu bringen ist.

## 7.1 Überzeugen heißt geben und nehmen

„Ran an den Speck!" bedeutet, auf die GesprächspartnerInnen mit ihrer anderen Meinung zuzugehen. Wenn die Bedingungen stimmen, wird das gegenseitige Überprüfen, Hinterfragen, Nachhaken, Analysieren, Verwerfen und Bearbeiten der Argumente ein organisches, lebendiges Geschehen. Es entsteht ein kämpferischer Tanz, von dem beide Seiten profitieren. Um diese guten Bedingungen zu schaffen, müssen wir immer wieder die Beziehungsebene pflegen, den eigenen Standpunkt klar darstellen und Interesse für den Standpunkt des Gegenübers aufbringen.

Die Kunst der Gesprächsführung besteht unter anderem darin, die Energie einer Diskussion immer wieder auf den zentralen Punkt zu lenken und die Reibung unterschiedlicher Standpunkte in die Wege zu leiten, damit etwas Neues daraus entstehen kann. Eine gute Diskussion, ein konstruktiver Meinungsstreit lässt keinen Stein auf dem anderen, bis eine Lösung gefunden ist.

Übereinstimmung in der Sache ist nur eine Möglichkeit eines guten Gesprächsergebnisses. Andere durchaus positive Resultate sind, Anregungen für die eigene Meinungsbildung zu erhalten oder die eigene Position an wichtigen Punkten zu modifizieren, um sie noch fundierter vertreten zu können. Durch die Reibung mit anderen Positionen wird die eigene Sichtweise geschliffen wie ein Diamant, eine Arbeit, die wir aus eigener Kraft kaum so kreativ und leicht bewerkstelligen können. Wir benötigen andere Sichtweisen, um daran zu wachsen. Auch daher ist es dumm und kurzsichtig, die GesprächspartnerInnen mundtot machen zu wollen.

Gerade wenn es letztendlich unser Ziel ist, das Gegenüber zu überzeugen oder gar als Mitstreiter zu gewinnen, sollten wir uns klar vor Augen halten, dass man sich erst zusammensetzen muss, wenn man sich auseinander setzen will.

## 7.2 Die eigene Meinung loslassen

Wer als konstruktive DiskussionspartnerIn, sachorientierte KollegIn, engagierte und faire StreiterIn für eine Idee gelten möchte, muss die Bereitschaft ausstrahlen, sich auch von den Argumenten des Gegenübers überzeugen zu lassen. Überzeugungsarbeit ist keine Einbahnstraße, sondern von ihrem Wesen her ein Geben und Nehmen. Wer ausschließlich darauf bedacht ist, die eigene Position durchzusetzen, ohne die Offenheit für die Argumente des Gegenübers mitzubringen, isoliert sich. Die Bereitschaft, sich überzeugen zu lassen, meint nicht eine vorzeitige Anpassung, weil man sich der Wortgewalt des Gegenübers nicht mehr gewachsen fühlt. Eine Überzeugung aufzugeben, muss ein Akt der Freiwilligkeit sein. Bevor wir unsere Meinung aufgeben, sollten wir klar erkennen können, wo Abgrenzung notwendig ist – „Wenn Sie mit mir diskutieren wollen, dann hören Sie mir bitte auch zu!“ – und wo es tatsächlich um Einwilligung geht – „Auch wenn es mir schwer fällt, das zuzugeben: deine Argumente haben mich überzeugt!“.

Andererseits ist nicht jeder, der auf seiner Position beharrt, gleich unkollegial oder destruktiv. Viele Menschen müssen tatsächlich erst einmal lernen, sich für die eigenen Ansichten einzusetzen. Wer aber „jemanden überzeugen“ grundsätzlich mit „sich selbst durchsetzen“ gleichsetzt, verliert jene Geschmeidigkeit im Diskussionsverhalten, die souveräne GesprächspartnerInnen auszeichnet.

Es geht also um die Balance zwischen dem Beharren auf der eigenen Position und der Offenheit gegenüber den Argumenten anderer. Gesprächssituationen werden oft in dem Moment schwierig, wenn man aus dieser Balance herausfällt.

Vielen Menschen fällt es schwer, ihre Position offensichtlich aufzugeben, weil sie Angst haben, das Gesicht zu verlieren. Dann drehen sich Diskussionen im Kreis, weil alles schon gesagt ist. In einer solchen Gesprächssituation ist es hilfreich, GesprächspartnerInnen Brücken zu bauen, um Positionen aufgeben zu können, ohne die Selbstachtung zu verlieren. Hier ist Kreativität gefragt. Aber auch die Wertschätzung der anderen Position wirkt lösend. Dagegen führen Abwertung, Geringschätzung und fehlende gegenseitige Achtung zu unergiebigen Gesprächsrunden.

## 7.3 Mit der eigenen Meinung dasein

Wenn es schwierig wird, sind die häufigsten Reaktionsmuster die Flucht oder der Kampf. Wer die Flucht wählt, setzt sich nicht mehr mit voller Kraft für sein Anliegen ein, wird in seinen Erklärungen undeutlich, verliert seine Brillanz. Die Flucht wird oft begleitet von zurückgenommener Stimme, gedämpfter Gestik und Mimik und führt leicht zu voreiliger Anpassung.

Wer den Kampf wählt, ist bereit, alle und alles abzuschmettern, was immer auch kommen mag. Bevor ein Argument überhaupt verstanden ist, wird es sicherheitshalber erst einmal widerlegt. Auch wenn sich ein Kampf zunächst recht lebendig anfühlt, bleibt die feine Wahrnehmung für das Gegenüber oft auf der Strecke und das Denken wird starr.

Flucht oder Kampf

Wünschenswert ist die innere Haltung des Daseins. Im Dasein gibt es uns mit unserer Meinung und das Gegenüber mit einer anderen Meinung. Beides darf sein. Wir wissen dann um das Recht auf eine eigene Meinung und haben die Freiheit, dem Gegenüber dieses Recht zuzugestehen. Im Dasein liegt die Gelassenheit, ja und nein sagen zu können, ohne die Konsequenzen zu fürchten.

## 7.4 Abschied von alten Gewohnheiten

Um Standpunkte in Reibung zu bringen, müssen wir Gespräche auf der Beziehungs- und Sachebene gut lenken können. Die Kunst der Gesprächsführung ist erlernbar. Hier gibt es zahlreiche Methoden und Techniken. Ihrer Anwendung geht allerdings die Entscheidung voraus, das Gespräch auch wirklich führen zu wollen.

Was in der Theorie wie eine Lappalie klingt, erweist sich für viele in der Praxis als große Herausforderung. Ein Gespräch wirklich konstruktiv zu lenken und zu leiten bedeutet oft, Abschied zu nehmen von vielen liebgewordenen oder zumindest vertrauten Gewohnheiten.

### Wenn's schlecht läuft, brauche ich bessere Argumente!

Oft konzentrieren wir uns zu sehr auf unsere Argumente. Argumente sind aber nur so gut wie die Bereitschaft des Gegenübers, sich damit auseinander zu setzen. Wenn es Widerstand oder Uneinsichtigkeit gibt, werden die Beispiele oft plakativer, die Aussagen verallgemeinert, die Behauptungen bekommen eine deutliche Tendenz zur Übertreibung, die Stimme wird lauter, die Gestik aufgeregter. Aber dieses Mehr öffnet nicht die Ohren des Gegenübers. Oft ist das Gegenteil der Fall, denn das Mehr vom Gleichen bewirkt das Selbe, nur eben mehr davon. „Jetzt muss er es aber doch einsehen!“ denken wir und wundern uns, dass es unseren GesprächspartnerInnen auch im fünften Durchgang an Einsicht fehlt. Wer mit seinem Vorgehen nicht zum Ziel kommt, sollte neue Wege gehen. Wir können das Gegenüber mitnehmen, indem wir das Gespräch in andere Bereiche oder in eine positivere Atmosphäre führen.

## Ja, wenn die anderen nicht wollen, gibt es kein konstruktives Gespräch!

Die Kunst der Gesprächsführung erfordert auch den Abschied von Verführungen wie Trotz und Stolz. „Wenn der sich nicht benimmt, dann ich erst recht nicht!“ oder „Wenn die mich so anschreit, habe ich es nicht nötig zuzuhören“.

Dabei ist Gesprächsführung nicht vom Gegenüber abhängig. Wer widerständige, aggressive oder passive GesprächspartnerInnen durch ein gemeinsames Gespräch führen will, muss akzeptieren, das sie so sind, wie sie sind. Möglicherweise kommen wir mit widerständigen Menschen nicht so weit wie mit einem engagierten, unterstützenden Gegenüber. Bei aggressiven GesprächspartnerInnen können wir jederzeit zur Deeskalation beitragen, indem wir die Aggression verpuffen lassen, ohne uns lange daran aufzuhalten. Wer jedoch mit gespitzten Beziehungsohren auf der Lauer liegt, um bei jeder Aggression zum Gegenschlag bereit zu sein, reagiert lediglich auf die ausgelegten Köder des Gegenübers, anstatt das Gespräch in konstruktivere Gefilde zu führen.

## Wenn man angriffen wird, kann man doch nicht still halten!!!

Nein, still halten ist nicht notwendig! Aber gerade, wenn das Gegenüber angriffslustig ist, ist es notwendig Ruhe zu bewahren, sich der angreifenden Kraft nicht frontal entgegenzustellen und zu kontern. Gelassenheit bedeutet hier, auch einmal einen Schritt zur Seite treten zu können und den Stier an sich vorbei stürmen zu lassen. Wenn ein Teil dieser Energie verpufft ist, kann man sich wieder gegenüber stellen und zielführend diskutieren. Die innere Haltung, die hier zu Grunde liegt, ist vergleichbar mit dem Aikido, einer japanischen Kampfkunst, die die Kraft des Gegenübers umlenkt, anstatt sie abzublocken. Wer innerlich tobt und kämpft, ist leicht verführbar. Besonnenheit und die Bereitschaft, ein Gespräch gut zu führen, sind daher gerade in turbulenten Gesprächssequenzen hilfreich.

Ziel einer sachorientierten Diskussion ist es, konstruktiv am gewählten Thema zu arbeiten. Eine gute Gesprächsführung macht es möglich, dass

- die Beteiligten ihre Sichtweise in aller Klarheit darstellen;
- Zusammenhänge, Begrifflichkeiten, Behauptungen, Faktenlage und Schlussfolgerungen genau geprüft werden;
- um Positionen gestritten wird und nicht um Personen;
- der rote Faden als Richtschnur nicht verloren geht;
- Zwischenraum entsteht, in dem die Beteiligten über das Gesagte nachdenken können.

Gesprächsführung wird benötigt, wenn

- die Gesprächsatmosphäre belastet ist;
- aggressive oder passive Verhaltensweisen Überhand nehmen;
- die Selbstdarstellung Einzelner zu sehr im Vordergrund steht;
- der Gesprächsverlauf auf Nebenaspekte abgleitet;
- sich die Diskussion im Kreis dreht;
- die Gesprächsenergie erlahmt.

## 7.5 Raum für Argumente schaffen – Techniken zur Gesprächsführung

Mit rhetorischen Tricks und Techniken will man Einfluss auf das Geschehen nehmen. Ob sich dieser Einfluss im negativen Sinne manipulierend oder im positiven Sinne unterstützend für den Gesprächsverlauf auswirkt, hängt von den jeweiligen Absichten ab. Wer in Diskussionen in Bedrängnis kommt, greift gern zu jedem Strohhalm, der sich bietet. Da sich manipulative Vorgehensweisen in der Regel rächen, weil sie die Beziehungsebene belasten, sollte man die eigenen Beweggründe für den Einsatz einzelner Techniken immer wieder kritisch prüfen. Wenn uns bewusst ist, was wir tun, und wenn die gewählten Strategien der Situation angemessen und stimmig sind, dann können rhetorische Techniken sehr hilfreich werden.

Die hier vorgestellten Techniken basieren auf der Erkenntnis, das ein Thema behandelt werden muss, damit es seine Überzeugungskraft entwickelt. Argumente müssen gehört werden, damit sie wirken können. Gesprächsführung hat daher das Ziel, den eigenen Argumenten und Themen Raum zu verschaffen. Dabei sollte die Lenkung nicht gegen das Interesse der anderen GesprächspartnerInnen geschehen. Folgende Möglichkeiten der Gesprächsführung bieten sich an:

## Das offene Vorgehen

> „Unser Ziel ist es, eine grundsätzliche Entscheidung darüber zu treffen, ob die Spielecke umstrukturiert wird. Damit wirklich etwas Neues entstehen kann, möchte ich mit euch jetzt darüber diskutieren, welche Aufgaben die Spielecke in Zukunft erfüllen soll. Meine Vorstellung dazu ist …"
>
> „Wir haben nun beide unsere Positionen klar dargelegt. Damit wir in der Diskussion weiter kommen, würde ich gerne mit dir über mögliche Annäherungen sprechen. Mich hat dein Aspekt … angesprochen und ich habe dazu noch Fragen …"

Wir sprechen offen an, warum wir das Gespräch nun auf einen anderen Aspekt lenken wollen.

Offenes Vorgehen in der Gesprächsführung schafft Vertrauen durch Transparenz und bringt einen möglicherweise unterirdisch tobenden Kampf um den zu diskutierenden Aspekt an die Oberfläche. Das offene Umschalten kann allerdings zu einem ebenso offenen „Nein!" der GesprächspartnerInnen führen. Dann empfiehlt es sich, dem Gegenüber den Vortritt zu lassen, um sich im direkten Anschluss mit der Bearbeitung des eigenen Aspektes durchzusetzen.

## Mit Fragen führen

> „Können Sie bitte noch einmal zu der Kostenseite des Projekts Stellung nehmen?"
>
> „Ist es sinnvoll, die Eltern in diese Entscheidung mit einzubeziehen?"

Eine interessierte Frage (vgl. Kap. 6.1) ist eine sehr einfache und wirkungsvolle Technik, den Gesprächsschwerpunkt auf einen anderen Aspekt zu lenken. Je kürzer und präziser die Frage formuliert ist, um so wahrscheinlicher ist es, dass das Gegenüber darauf eingeht. Danach gilt es, die eigene Sichtweise zum befragten Aspekt einzubringen. Das neue Thema hat sich in der Diskussion etabliert.

Fragen geben einer Diskussion Impulse. Dann entscheiden die GesprächspartnerInnen, wie sie darauf reagieren. Diese Reaktionen muss man im Blick behalten, denn Umschalttechniken sind erst dann erfolgreich abgeschlossen, wenn das Gespräch tatsächlich um den neuen Aspekt kreist.

Fragen sind auch deshalb so wirkungsvoll, weil sie die GesprächspartnerInnen einladen, ihre Position darzulegen. Da in vielen Diskussionen die Abwehr fremder Argumente im Vordergrund steht, ist eine interessierte Frage oft eine Wohltat, die neben dem Interesse auch Wahrgenommensein signalisiert. Durch Frage und Antwort entsteht der Kontakt zwischen den GesprächspartnerInnen, der für die Überzeugungsarbeit so wichtig ist.

Fragen zu stellen ist im Prinzip sehr leicht. Die Schwierigkeit liegt bei dieser Methode darin, sie überhaupt anwenden zu wollen, denn mit jeder Frage geben wir unseren GesprächspartnerInnen zunächst einmal Raum. Wer es versteht, diesen Raum zu gestalten, hat viel für das Ziel erreicht, das Gegenüber zu überzeugen.

Da Fragen eine sehr einfache Methode zur Gesprächsführung sind, wird über sie auch häufig manipuliert. Manipulationsversuche lassen sich abwehren, wenn man die Wirkungsweise verschiedener Frageformen kennt und in der Diskussion darauf reagieren kann (vgl. Kap. 6.2).

## Die Ja-aber-Technik

> „Ich verstehe sehr gut, warum du als Ganztagskraft für eine neue Urlaubsregelung eintrittst. Aber aus meiner Sicht als Halbtagsbeschäftigte habe ich damit folgende Probleme …“

> „Es stimmt, was Sie über die Finanzierungsschwierigkeiten für einen Waldkindergarten sagen, aber von der politischen Seite gibt es im Moment viel Unterstützung, und daher sehe ich gute Chancen für eine Umsetzung.“

Die wohl berühmteste Umschalttechnik ist die Ja-aber-Technik. Sie galt lange Zeit als der Königsweg in der Gesprächsführung, da ihr erster Teil („Ja, ich stimme Ihnen zu!“) ein stabilisierendes Signal auf der Beziehungsebene setzt. Das „Ja“ ist Ausdruck von aktivem Zuhören, bedeutet ein Eingehen auf das Gegenüber und signalisiert Zustimmung. Im zweiten Teil („aber …“) folgt dann eine Differenzierung oder Relativierung aus eigener Sicht. Das ist ein in jeder Hinsicht konstruktiver Beitrag zur Diskussion.

Leider hat diese Technik in den letzten Jahrzehnten ihren Charme verloren, denn in der Praxis machen sich nur wenige die Mühe, das „Ja“ konkret zu benennen und auszudrücken, wo man mit dem Gesagten übereinstimmt. Im zweiten Teil wird die Meinung des Gegenübers dann gerne komplett vom Tisch gewischt. Diese verkürzte Form klingt dann so: „Ja, klar, aber kannst du dich nicht wenigstens an diesem einen Punkt mal für die Interessen der gesamten Einrichtung einsetzen?". Wer in der Überzeugungsarbeit die Ja-aber-Technik zum Schein einsetzt, verdient was er bekommt: Widerstand.

## Die Ja-und-Technik

> „Ja, du hast vollkommen Recht mit deiner Forderung nach einem stärkeren Engagement der Eltern. Und ich befürchte, dass wir viele Eltern damit überfordern."
>
> „Ja, der Kauf dieses neuen Regalsystems macht Sinn. Und ich möchte noch ein Mal genau mit euch durchrechnen, was das für unseren laufenden Finanzhaushalt bedeutet."

Diese Technik ist die weichere Schwester der Ja-aber-Technik. Sie setzt nicht auf die Abgrenzung – „aber …" –, sondern auf die Ergänzung – „und …". Wenn man Diskussionsverläufe daraufhin untersucht, zeigt sich, dass viele Argumente als abgrenzende „Ja-aber-Technik" vorgetragen werden, obwohl sie von der Sache her eher eine Ergänzung darstellen. Das liegt vermutlich an dem oft vorherrschenden Diskussionsstil, der das Trennende betont, statt das Verbindende aufzuzeigen. Dadurch vergeben wir die Chance, andere in die Nähe unserer Meinung zu führen und sie schließlich ganz zu überzeugen.

## Sich beziehen

> „Du hast zu Beginn des Gesprächs von einem Konflikt mit der Gemeindeverwaltung gesprochen. Mein Anliegen ist es, die Beziehung zur Verwaltung generell noch einmal zu diskutieren. Ich halte es für unabdingbar, dass wir regelmäßige Gespräche …"
>
> „Gestern hast du dich sehr über die Verunreinigungen im Sandkasten geärgert. Für mich ist das Anlass um die gesamte Pflege des Areals noch einmal zu thematisieren. Ich meine …"

Diese Technik basiert auf dem Wissen, dass es die Beziehungsebene verbessert, wenn man sich im positiven Sinne auf das Gegenüber bezieht. Durch den Bezug ist der Kontakt zu den GesprächspartnerInnen hergestellt, die daraufhin eher bereit sind, wohlwollend zuzuhören. Um diese Technik einsetzen zu können, benötigen wir ein offenes Ohr im Vorfeld. Das Interesse an den Erfahrungen und Schlussfolgerungen des Gegenübers zahlt sich nun aus. Wir haben Dinge gehört, auf die wir uns nun beziehen können und die uns den Aufhänger für unsere eigene Argumentation bieten.

Diese Technik zur Gesprächsführung entwickelt besonders im Zusammenspiel mit Fragetechniken ihren Reiz. Wer fragt, verschafft sich das Wissen, um sich später auf das Gegenüber beziehen zu können.

## Neu einsetzen

> „Ich möchte noch auf einen ganz anderen Punkt zu sprechen kommen."
>
> „In diesem Zusammenhang ist meines Erachtens noch folgender Aspekt von Bedeutung: ..."

Diese Technik ermöglicht es, einen eigenen Aspekt sehr direkt in die Diskussion einzubringen. Ist der Zeitpunkt im Diskussionsverlauf gut gewählt und die Gesprächsatmosphäre vertrauensvoll, werden die GesprächspartnerInnen dem neuen Thema in der Regel auch folgen. Neu einzusetzen ist besonders leicht, wenn das Energieniveau der Diskussion niedrig ist. GesprächspartnerInnen sind dann eher zum Themenwechsel bereit. Gibt es hingegen gerade eine starke Reibung um einen Aspekt, wird es beim Umschalten zu Recht zu Widerstand kommen.

Wer einen neuen Aspekt in die Diskussion einbringen will, benötigt Schwung und Beharrlichkeit, um sein Thema über mehrere Runden aktiv zu unterstützen.

## Zurückkommen

> „Ich habe vorhin die schwierige Vorbereitung unseres Abenteuertages angesprochen. Ich möchte nochmals darauf zurückkommen. Mir liegt dabei besonders an folgendem Punkt ..."
>
> „Sie wissen, dass mir die verbesserte personelle Ausstattung unseres Kindergartens wichtig ist. Ich muss diesen Aspekt daher noch einmal in die Diskussion einbringen ..."

Auch wenn man ein Anliegen engagiert einbringt, kommt es vor, dass es im Gespräch untergeht. Manchmal ist der Zeitpunkt unglücklich gewählt oder es gelingt aus anderen Gründen nicht, den eigenen Aspekt auf Anhieb zu etablieren. Dann ist es gut, später noch einmal darauf zurückzukommen, mit dem klar formulierten Wunsch, dass jetzt darüber diskutiert wird. Auch das erfordert eine gewisse Willensstärke und die innere Überzeugung, dass es die eigenen Themen wert sind, behandelt zu werden.

Wir signalisieren mit dieser Technik auch unsere Bereitschaft, uns für unsere Interessen einzusetzen. Die GesprächspartnerInnen spüren, dass wir uns so schnell nicht abspeisen lassen.

## Übergehen

„…"

Immer wieder macht man in Diskussionen die Erfahrung, dass sich das Gegenüber gerade auf die Argumente stürzt, die man selbst am liebsten gar nicht behandeln würde. Wer versucht, das ungeliebte Gegenargument eben kurz vom Tisch zu wischen, stellt erstaunt fest, dass das Gegenüber seine Position hartnäckig verteidigt. Und so etabliert sich gerade der Aspekt als Diskussionsthema, den man selbst am wenigsten schätzt.

Indem wir auf ein Argument oder einen Aspekt eingehen, geben wir Energie in diesen Punkt. Je mehr Reibung durch das Hin und Her von Pro und Contra entsteht, desto mehr lädt sich das Thema auf. Wer also einen bestimmten Aspekt vom Tisch haben will, sollte diesen Faden gar nicht erst aufzunehmen. Wenn die Diskussion in einer Gruppe stattfindet, kann es mitunter schon ausreichen, einfach zu schweigen. Oft geht der ungeliebte Aspekt dann sang- und klanglos unter. Bei einem Zweiergespräch bieten sich ein Themenwechsel oder eine Frage an, die das Gespräch in eine andere Richtung lenken.

## Angriffe auf der Beziehungsebene abfedern

> „Ich höre, dass sie nicht mit mir übereinstimmen, daher erlauben Sie mir, Ihnen die Vorteile meiner Konzeption für ihre Organisation noch einmal aufzuzeigen!"
>
> „Frau X, auch wenn Sie gerade versuchen, meinen Vorschlag lächerlich zu machen, ich werde nicht locker lassen. Was genau sind Ihre Einwände?"

Angriffe auf der Beziehungsebene haben oft das Ziel, die Energie der Diskussion von einem ungeliebten Aspekt wegzulocken. Dieses Vorgehen ist den GesprächspartnerInnen nicht immer bewusst. Dennoch funktioniert es leider sehr gut. Statt sich mit Positionen auseinander zu setzen, wird die Person angegriffen, das Gegenüber lächerlich gemacht, verunsichert oder provoziert. Wer auf die Provokation hereinfällt und beginnt, sich zu rechtfertigen oder zu verteidigen, hat einerseits das sichere Gefühl, sich aktiv für seine Interessen einzusetzen. Andererseits geht es aber nicht mehr um den wichtigen und für das Gegenüber vielleicht heiklen inhaltlichen Punkt. Wir sind mit wehenden Fahnen ins Beziehungsboot gesprungen und treiben nun zusammen mit dem Gegenüber vom Kurs ab. Wer in sich die Freiheit entwickelt hat, das Gespräch dorthin zu lenken, wo er es haben will, kann Angriffe auf der Beziehungsebene leichter abfedern. Dabei sollte man das Beziehungsohr souverän öffnen und schließen können (vgl. Schulz von Thun 1981).

Es ist das gute Recht unserer GesprächspartnerInnen, zu versuchen, uns von unseren Themen abzubringen. Gelassenheit beginnt da, wo wir diese Versuche mit einem inneren Lächeln quittieren können, um dann auf der Sachebene unsere eigenen Interessen weiterzuverfolgen. Dazu gehört auch die Einsicht, dass wir uns nicht vor allen Angriffen auf der Beziehungsebene schützen können. Aber wir müssen auch nicht auf alle Versuche hereinfallen, uns als Person anzugreifen.

## Killerphrasen entschärfen

> „Auch wenn es Ihnen lieber wäre, wenn ich meine Vorschläge zur Verbesserung unseres Betriebsklimas hier nicht präsentieren würde, so schnell werden Sie mich nicht los."

> „Sie haben uns als Mitarbeiterinnen aufgefordert, unsere Meinung zu den Vorfällen im Kindergarten zu äußern. Ich bitte Sie daher, mir nun auch zuzuhören."

Killerphrasen haben, wie der Name schon sagt, das Ziel, das Gegenüber mundtot zu machen. Sie stellen oft einen erheblichen Angriff auf der Beziehungsebene dar. Man hat die Wahl, gelassen darüber hinweg zu hüpfen oder tatsächlich ins Stolpern zu geraten. Auch Killerphrasen sind den Sprechenden nicht immer bewusst. Manchmal werden sie aus reiner Gewohnheit in die Diskussion eingeworfen. Für andere sind sie eine Art Testballon, um auszuloten, wie das Gegenüber reagiert.

Wie bei allen Angriffen auf der Beziehungsebene hat man die Wahl, die Sache offen als Konflikt anzusprechen oder das Gespräch so gut es geht auf die Sachebene zurückzuführen. Killerphrasen kann man entschärfen, indem man nicht entsprechend ihrer Intention verstummt. Ein klares inneres „Jetzt erst recht!“ kann den notwendigen Antrieb verschaffen, um wieder auf die Beine zu kommen, sprich den eigenen Standpunkt wieder engagiert einzunehmen.

Der Umgang mit Killerphrasen erfordert Kreativität. Es lohnt sich, mit anderen zusammen ein kleines Brainstorming zu möglichen Reaktionen auf Killerphrasen zu veranstalten und die originellsten Vorschläge zu prämieren. Gut vorbereitet, kann es richtig Spaß machen, Killerphrasen mit Witz und Gelassenheit ins Leere laufen zu lassen. Das verdutzte Gesicht des Gegenübers entschädigt dann für vieles. Killerphrasen zu entschärfen darf allerdings nicht zum Selbstzweck werden. Das Ziel der Gesprächsführung bleibt die Weiterentwicklung der Argumente auf der Sachebene. Auch ein noch so kreativer Schlagabtausch auf der Beziehungsebene führt daher nicht weiter. Wer jetzt ein bisschen üben möchte, kann sich an der folgenden Auswahl von Killerphrasen ausprobieren:

„Kommen Sie endlich zur Sache!“

„Fassen Sie sich bitte kurz!“

„Das geht nicht!“

„Kommt überhaupt nicht in Frage!“

„Wer soll das bezahlen?!“

„Dafür gibt es kein Geld!“

„Kommen Sie erst einmal in mein Alter!“

„Das haben wir schon immer so gemacht!“

„Das haben wir noch nie so gemacht!“

„Da könnte ja jeder kommen!“

„Das musste ja so kommen!“

„Denken Ihre Kollegen auch so?!“

## 7.4 Schlagfertigkeit ist erlernbar – Argumentationsfelder aufbauen

Wer einmal das Vergnügen hatte, zwei passionierten RednerInnen beim Diskutieren zuzuhören, wird sich vermutlich besonders an deren Schlagfertigkeit erfreut haben. Begeisternde Schlagfertigkeit ist dabei frei von Angriffen auf der Beziehungsebene. In hohem Tempo und mit sachkundigem Blick werden fundierte Argumente ausgetauscht, die Positionen der GesprächspartnerInnen nach allen Regeln der Kunst gegen den Strich gebürstet und die Sache mit frechen Fragen auf den Punkt gebracht, ohne persönliche Angriffe auf das Gegenüber.

Schlagfertigkeit ist erlernbar. Sie ist eine Mischung aus guter Vorbereitung, Erfahrung und Spaß am Diskutieren und setzt eine innere Haltung voraus, die es erlaubt, auch einmal argumentativ zu scheitern und Fehler zu machen. Durch den Mut zum Risiko entstehen Geschmeidigkeit und Kreativität. Auch wenn schlagfertige Reaktionen scheinbar immer Geschöpfe der Situation selbst sind, so geht ihnen oft eine intensive Vorbereitung voraus. Wer unterschiedliche Argumente als verschiedene Pole eines Ganzen betrachtet, sieht in Gegenargumenten eine Erweiterung oder Ergänzung. Zu jedem Argument findet sich ein Gegenargument und zu jedem Gegenargument eine Entgegnung. Argumente sind mit einander vernetzt. Wer sich diese Vernetztheit bewusst macht, versteht das Spiel von Argumenten und ihren Ergänzungen und genießt es mehr und mehr.

Allerdings erschrecken manche Menschen bereits, wenn das

Gegenüber überhaupt ein anderes Argument vorträgt. Viele werfen schon in diesem Augenblick die Flinte ins Korn. Ein Gegenargument als Ergänzung und Erweiterung zu betrachten und es nach allen Regeln der Kunst zu prüfen, ist für die Sache ein Gewinn. Es gilt also am Ball zu bleiben und nach Entgegnungen zu suchen.

Mit Hilfe des Argumentationsfeldes (vgl. Schlüter-Kiske, 1987, S. 117f.) können auch unerfahrene DiskussionspartnerInnen ihre Schlagfertigkeit erhöhen. Diese Technik baut darauf auf, dass die Vernetzung von Argumenten zu schnelleren und gezielteren Reaktionen im Meinungsstreit führt.

In einer ersten Phase werden die Argumente gesammelt, die nach der eigenen Überzeugung für einen Sachverhalt sprechen. In einer zweiten Phase werden mögliche Gegenargumente und Ergänzungen notiert, die zu den jeweiligen Argumenten bekannt sind. Dabei sollten sich die Gegenargumente immer auf den Aspekt beziehen, der vom Argument angesprochen worden ist. Im nächsten Schritt geht es dann darum, mögliche Entgegnungen auf die notierten Gegenargumente zu finden. Und auch dazu gäbe es wieder ein Gegenargument.

| Argumente | Gegenargumente | Entgegnungen |
|---|---|---|
| Argument A | Gegenargument zu A | Entgegnung zu A |
| Argument B | Gegenargument zu B | Entgegnung zu B |
| Argument C | 1. Gegenargument zu C<br>2. Gegenargument zu C | 1. Entgegnung zu C<br>2. Entgegnung zu C |
| Argument D | | |

Wer sich noch intensiver vorbereiten will, kann die Argumente, Gegenargumente und Entgegnungen in Form eines Dreischritts notieren (vgl. Kap. 3.3). Beim Blick auf das bearbeitete Argumentationsfeld werden sich in der Regel Lücken auftun. Nicht immer lassen sich Gegenargumente oder Entgegnungen finden. Manchmal kann man sich selbst für den eigenen Standpunkt nur wenige Gründe bewusst machen. Das ist eine gute Gelegenheit, um gemeinsam im Team, mit Freunden oder Sachverständigen die Lücken zu schließen.

| Argumente | Gegenargumente | Entgegnungen |
|---|---|---|
| Ein Streichelzoo ist eine sinnvolle Ergänzung unseres Spielangebotes. | Wir haben doch schon ein sehr reichhaltiges Angebot. | Das stimmt, aber bisher haben die Kinder noch keine Möglichkeit, das Leben mit Tieren zu erfahren. |
| Die Begegnung mit lebendigen Tieren stellt für die Kinder ein wichtige Erfahrung da. | In den Familien der meisten Kinder gibt es Haustiere, mit denen sie Erfahrungen machen können. | Das mag für den ländlichen Bereich stimmen. Da unsere Einrichtung mitten in der Stadt liegt, gibt es viele Familien, die keine Haustiere haben. |

| Argumente | Gegenargumente | Entgegnungen |
|---|---|---|
| Die Kinder können durch die Versorgung und Pflege der Tiere in einem Streichelzoo sehr viel lernen. | Das haben wir auch gedacht, als wir den Kräutergarten angelegt haben. Später ist alles vertrocknet. | Wenn wir uns für einen Streichelzoo entscheiden, müssen wir natürlich sehr genau über das Konzept sprechen und die Verantwortlichkeiten sinnvoll verteilen. |

Wenn die Lücken geschlossen sind, liegt das Argumentationsfeld wie ein Teppich vor uns. Für die Diskussion ist man nun doppelt vorbereitet. Die eigene Argumentation kann anderen Argumenten standhalten und wir verstummen nicht gleich, wenn andere ihre Sichtweise darstellen.

Die Erfahrung zeigt, dass das Pro und Contra der einzelnen Aspekte nach einem zwei- bis dreimaligen Hin und Her ausgereizt ist und sich die Diskussion auf eine neuen Aspekt verlegt. Für die meisten Diskussionen ist es aber schon ein großer Gewinn, wenn sich überhaupt drei hintereinander folgende Argumente auf den gleichen Aspekt beziehen.

Selbst wenn wir keine Gelegenheit erhalten, eines unserer Argumente im Diskussionsgeschehen zu platzieren, so hat uns schon die Vernetzung möglicher Argumente tiefer mit dem Gesamtthema verbunden und uns eine gute Basis für Überzeugungsarbeit geschaffen.

# 8 Schwierige Situationen sicher meistern

Dieses Kapitel befasst sich mit schwierigen Gesprächssituationen, die durch Störungen unterschiedlichster Art entstehen können. Zunächst wird das Wesen von Störungen genauer betrachtet und gezeigt, was im Vorfeld getan werden kann, damit sich Störungen gar nicht erst ausweiten. Anhand eines Beispiels werden verschiedene Reaktionsmöglichkeiten durchgespielt, die sich auch auf andere Kommunikationssituationen übertragen lassen. Zwei grundlegende Techniken zur Abgrenzung und zur Selbstbehauptung runden dieses Kapitel ab.

## 8.1 Was macht eine Störung zur Störung?

Gesprächssituationen sind lebendige Prozesse und wie das Leben selbst sind sie nicht beherrschbar. Wir sollten also nicht versuchen, sie unter Kontrolle zu bringen, denn es wird uns nicht gelingen. Aber es gibt immer wieder Möglichkeiten, das kommunikative Geschehen zu lenken. Die meisten Gesprächssituationen beinhalten Herausforderungen. Es gibt jedoch Momente, in denen man von echten Störungen sprechen kann. Wir sind irritiert, perplex, verunsichert, kurz: irgendetwas hat uns vom Pferd geholt und nun müssen wir handeln, um wieder sicher im Sattel zu sitzen. Wer weiß, was eine Störung zur Störung macht und wie man auf Störungen reagieren kann, hat gute Chancen, auch in heiklen Momenten souverän aufzutreten.

In Kommunikationstrainings fällt es den TeilnehmerInnen immer sehr leicht, eine lange Liste von möglichen Störungen aufzuzählen. Die Stimmung gleicht dann bald einem Gruselkabinett, denn jedem fällt noch etwas Schlimmeres ein („Selbst schon erlebt!“) und das Entsetzen in den Augen der so Geschundenen ist durchaus glaubwürdig. Störungen sind einfach durch und durch unangenehm – sonst würden sie uns ja nicht stören.

Bei genauerer Betrachtung zeigt sich, dass Störungen nicht auf alle Menschen die gleiche Wirkung haben.

> „Was kann ich dafür, dass der Hausmeister den Raum zweimal vergeben hat? So etwas muss man dann regeln. Das berührt mich nicht! Aber wenn ich dem notorischen Querulanten nicht die Stirn bieten kann, dann …“

> „Also, bei offensichtlich und massiv störenden Zuhörern habe ich wirklich nicht den Anspruch, ganz alleine damit fertig werden zu wollen. Da vertraue ich auf die Kompetenz der gesamten Gruppe. Aber wenn mich meine Chefin bei meinem Vortrag so komisch anschaut, dann …!“

> „Ach was, meine Chefin kenne ich ja. Mit der kann ich später darüber reden. Aber wenn sich diese eigentlich völlig unbeteiligten Sozialarbeiter bei der Vorstellung des Kindergartens in Szene setzen, dann bringt mich das unglaublich auf die Palme!“

Grundsätzlich zeichnen sich zwei Qualitäten von Störungen ab. Zum einen sind da all die Ereignisse, die von außen auf uns zukommen, die wir aber nicht wirklich in uns hineinlassen. Diese Störungen sind vielleicht ärgerlich, weil sie uns dazu zwingen, das Konzept zu ändern, oder weil sie einfach mehr Zeit in

Anspruch nehmen, als uns lieb ist. Aber in der Regel können wir ganz gut mit ihnen umgehen, denn sie verunsichern uns nicht wirklich.

Andere Störungen kommen zwar auch zunächst von außen auf uns zu, ihre störende Kraft entwickeln sie aber in unserem Inneren. Sie rufen Selbstzweifel und Abwertungen auf den Plan, verunsichern uns nachhaltig und schneiden uns von den eigenen Fähigkeiten ab. Grundsätzlich kann jede Störung beide Qualitäten annehmen. Es hängt von uns ab, ob wir abgegrenzt auf eine Störung reagieren oder nicht.

## Störungen im Außen

Die meisten Menschen reagieren abgegrenzt auf Störungen, an denen sie keine Schuld tragen:

Die Technik fällt aus.

Es gibt ein Raumproblem.

Jemand wird wegen eines Notfalls aus dem Gespräch gerufen.

Die Zuhörenden stehen noch ganz im Bann des vorherigen Themas.

Zwei Streithähne steigen wieder in den Ring.

Wegen einer Erkältung trägt die Stimme nicht.

In diesen Fällen versucht man in der Regel, das Beste aus der Situation zu machen, fügt sich ein, lässt geschehen und freut sich, wenn man irgendwie die Kurve wieder bekommt. Weil man sich selbst nichts vorzuwerfen hat, stehen die ganze Kreativität und Intuition zur Verfügung. Wir öffnen uns und sind vielleicht auch stolz auf unser Improvisationstalent.

Störungen, die im Außen bleiben, schmälern vielleicht den Erfolg des Gespräches oder der Veranstaltung, weil unter den gegebenen Bedingungen nicht mehr zu erreichen ist. Sie sind aber über die Sachebene hinaus nicht wirklich problematisch. Wir werden bemüht sein, ähnliche Pannen beim nächsten Mal zu verhindern. Schwamm drüber.

## Störungen im Inneren

Problematischer sind die Ereignisse, für die wir die Schuld übernehmen.

> Die Technik fällt aus.
> „Typisch, ich hätte ja wirklich für die Ersatzbirne sorgen können!"
>
> Es gibt Raumprobleme.
> „Kein Wunder, dass mich der Hausmeister wieder hängen lässt! Meine Veranstaltungen sind für ihn ja auch nicht wichtig!"
>
> Jemand wird wegen eines Notfalls aus dem Gespräch gerufen.
> „Wenn ich mal was Wichtiges zu sagen habe ...!"
>
> Die Zuhörenden stehen noch ganz im Bann der vorherigen Themas.
> „Mir gelingt es wieder nicht, die ZuhörerInnen für mein Thema zu begeistern. Ich bin aber auch eine schlechte RednerIn!"

> Wegen einer Erkältung trägt die Stimme nicht.
> „Meine armen GesprächspartnerInnen! Jetzt müssen sie sich so sehr konzentrieren, dass sie mich verstehen können ...!"

Als erste Reaktion auf die Ereignisse im Außen beschimpfen wir uns selbst, entziehen uns die Solidarität, werten uns ab, entwickeln zum Teil abenteuerliche Phantasien darüber, warum es zur Störung kam, fühlen uns als Opfer der Verhältnisse oder verlieren uns in der Sorge für die anderen.

Das innere System springt an. Wir reagieren mit Abwertung, verlieren den Kontakt zu uns und unserer Kraft und geben den anderen Macht über uns. Je nach persönlicher Struktur wählen wir zwischen Flucht oder Kampf. Wir geben die eigene Mitte auf, aus der heraus wir souverän und stimmig handeln könnten. Wir verlieren an Ausstrahlung, die Beziehung zum Gegenüber wird schwächer und Gespräche verlieren ihre Effektivität. Die Situation wird für uns selbst unangenehm. Wir fühlen uns verletzt, gekränkt und abgewertet.

Wenn wir nicht gut abgegrenzt sind und sich Störungen in dieser Form auswirken können, haben die Ereignisse im Außen wirksame MitspielerInnen in unserem Inneren. Eine Gesprächspartnerin verhält sich uns gegenüber unfair und abwertend, und in uns spitzt ein kleines Teufelchen die Ohren, schleicht zur Hintertür und gewährt der Abwertung freien Zutritt. Nun haben wir die Störung im eigenen Haus. Die Energie der Abwertung abzuwehren, aufzuspüren und zu wandeln, bindet unsere Aufmerksamkeit. Wir sind im Inneren gestört.

## 8.2 Wie man Störungen entstören kann

Grundlegendes Ziel ist, möglichst viele Störungen im Außenbereich zu halten, denn dann gelingt auch der souveräne, kreative und einfühlsame Umgang mit der störenden Situation. Wir haben dann den Raum und die Freiheit, angemessen zu reagieren und uns vor tiefergehenden Verletzungen zu schützen.

Selbstbewusstsein hilft, sich Störungen vom Leib zu halten. Der Wunsch nach Perfektion ist dabei ein gefundenes Fressen für jegliche Störung. Wer selbstbewusst ist, wird daher auf den Anspruch verzichten, perfekt zu reagieren.

### Selbstannahme verringert die Reizpunkte

Wichtig ist es, sich potenzielle Schwachstellen bewusst zu machen. An den neuralgischen Punkten in unserem System lassen wir uns schnell reizen. Für manche ist ein solcher Reizpunkt die fehlende Aufmerksamkeit für den eigenen Beitrag. Andere sind gereizt, wenn sie für ihr Tun keine Anerkennung spüren. Wiederum andere fühlen sich bereits gestört, wenn jemand anderer Meinung ist. In solchen Momenten schalten sich die inneren Warnsysteme an, die Antennen werden ausgefahren, um mögliche Angriffe frühzeitig zu erkennen.

An unseren Reizpunkten werden wir gewissermaßen hellhörig. Hochsensibel nehmen wir alle Signale, die vielleicht auf unsere Schwachstellen abzielen könnten, auf und reagieren bereits im weiten Vorfeld. Wir öffnen das Beziehungsohr und legen uns auf die Lauer, was allerdings zu einer sehr einseitigen Form des Hörens führen kann. Für viele andere Signale werden wir taub. Und das kann unsere Fähigkeit, angemessen auf Störungen zu reagieren, ganz erheblich mindern.

Reizpunkte sind menschlich. Und sie machen uns und unse-

Persönliche Reizpunkte

ren GesprächspartnerInnen das Leben schwer. Deshalb sollten wir versuchen, die Ursachen für die Reizung zu erkennen und zu mildern. Selbstannahme ist ein wichtiger Schritt in diese Richtung.

## Verantwortung für Fehler übernehmen

Störungen wirken sich dann besonders belastend aus, wenn wir uns selbst die Schuld daran geben oder uns vorwerfen, nicht souveräner damit umgegangen zu sein. Sich schuldig zu fühlen, führt in Sackgassen. Wer sich schuldig fühlt, schreibt einen Zustand fest, der Leiden verursacht, aber scheinbar nicht zu ändern ist. Sich die Schuld zuzuschreiben, hilft weder uns selbst noch der Sache, um die es geht.

Veränderungen können wir erst dann herbeiführen, wenn wir Verantwortung dafür übernehmen, dass wir Fehler machen, unser Potenzial nicht ausschöpfen oder einfach unsicher sind.

Verantwortung zu übernehmen bedeutet, sich nicht kleiner zu machen, als man ist, und immer wieder nach neuen und stimmigen Handlungsmöglichkeiten zu suchen. Dabei müssen wir die menschliche Begrenztheit akzeptieren.

Verantwortung zu übernehmen bedeutet auch, die Resonanz auf das eigene Tun und Lassen auszuhalten. Wenn die Raumfrage wirklich einmal nicht zu klären ist, dann sind die ZuhörerInnen eben umsonst gekommen. Wenn es nicht gelingt, die Streithähne zu beschwichtigen, dann war die Veranstaltung eben nicht so ergiebig, wie wir es uns gewünscht haben. Wenn wir uns wirklich schlecht vorbereitet haben – aus was für Gründen auch immer – müssen wir es aushalten, dass wir nicht überzeugen konnten oder dass unsere ZuhörerInnen unzufrieden sind. Wenn wir Fehler gemacht haben, müssen wir die Kritik aushalten. Aber wir müssen uns nicht zum Opfer machen und uns in Bausch und Bogen verdammen. Das alles ist nicht notwendig.

Wer seine Verantwortung als Gesprächsleitung wahrnehmen will, kann sich weiterbilden, die eigenen Kompetenzen erweitern, am Selbstbewusstsein arbeiten, aus Fehlern lernen, sollte sich vor hemmungsloser Selbstkritik hüten und sich in Liebe annehmen.

## 8.3 Methoden zur souveränen Reaktion auf Störungen

Je freier und gelassener wir sind, desto mehr Möglichkeiten stehen uns zur Verfügung, angemessen auf eine Störung zu reagieren. Welche Methode die sinnvollste ist, muss und kann in der Situation spontan und intuitiv entschieden werden. Bei der Reaktion auf Störungen spielen viele Aspekte eine Rolle. Wir können die eigene Gestimmtheit, die Gesprächsatmosphäre und den Sinn des

Gesprächs bei der Auswahl der angemessenen Reaktion nicht unberücksichtigt lassen. Manchmal geht es nicht ohne das Prinzip von Versuch-und-Irrtum. Man probiert etwas aus und achtet auf die Reaktion der GesprächspartnerInnen: Was geschieht mit den „StörerInnen"? Wie reagiert die Gruppe auf uns, die Störung, untereinander? Tragen die Interventionen dazu bei, die Situation zu entspannen? Oder haben wir womöglich noch Öl ins Feuer gegossen? Falls notwendig müssen wir beherzt zur nächsten Intervention greifen und dann wieder die Reaktionen beobachten. Meistens regelt sich das Geschehen über kurz oder lang.

Manchmal allerdings gelingt es nicht so leicht, die Störung aufzulösen. Der Blackout hält sich nachhaltig, die Angriffe auf der Beziehungsebene lassen nicht nach, bei technischen Pannen häufen sich die Probleme. Dann bleibt nichts anderes übrig, als zu akzeptieren, dass trotz aller verantwortungsvoller Bemühungen die Kraft der Störung stärker ist. Das ist zwar schade und auch unangenehm, aber keine Katastrophe. Solche Situationen sollten wir im Nachhinein noch einmal kritisch betrachten, um sie besser zu verstehen, aus der Distanz heraus nach möglichen Handlungsalternativen zu suchen oder sie in der Supervision zu besprechen. Eine gute Nachbereitung ist immer auch eine gute Vorbereitung für das nächste Mal. Durch Erfahrung und innere Offenheit wird es immer häufiger gelingen, angemessen zu reagieren.

Es gibt verschiedene Grundhaltungen, mit denen man auf Störungen reagieren kann. Als Faustregel gilt: „So zurückhaltend wie möglich, so klar und deutlich wie nötig." Dabei kann Schritt für Schritt die Vehemenz der Reaktion verstärkt werden. Lassen wir das erste Seitengespräch noch durchgehen, nehmen wir beim Zweiten Blickkontakt auf. Hilft auch das nicht, um die Situation zu verändern, wenden wir uns direkt an die „StörerInnen" mit der Bitte um mehr Ruhe. Manchmal müssen wir noch einen Gang zulegen, um die zunehmend angespannte Situation zu klären. Entscheidend ist, dass die Forderung, die Seitengespräche einzustellen, klar und deutlich formuliert wird und dass man auch zur Durchsetzung dieser Forderung bereit ist. Wer zu Beginn gelassen auf Störungen reagiert, verhindert dadurch oft die letzten Eskalationsstufen.

Im folgenden Beispiel werden verschiedene Grundhaltungen vorgestellt, die man im Laufe eines (eskalierenden) Störungsprozesses einnehmen kann. Dabei ist es wichtig, sich in den jeweiligen Situationen bewusst zu sein, welche Haltung man gerade wählt.

## Ignorieren

> In einer Gruppe, die wir noch nicht kennen und deren interne Regelungen uns nicht vertraut sind, klingelt während unserer Rede ein Handy. Im Flüsterton wird nun ein kurzes Gespräch geführt, das die Aufmerksamkeit trotz allen guten Willens auf sich zieht.

Wenn wir selbst Ruhe bewahren, können wir über diese Situation einfach hinweggehen. Statt die Störung persönlich zu nehmen – „Typisch, ich bin wohl nicht wichtig genug, damit ihr eure Handys ausmacht!!" –, lassen wir sie im Außen und ignorieren sie. Wir sagen nichts, verdrehen auch nicht die Augen, sondern lassen es geschehen, zumal wir ja tatsächlich nichts über den Hintergrund solcher Gespräche oder über die Abmachungen wissen, die in dieser Gruppe gelten.

Sicherlich wäre es eine Überreaktion, wenn wir uns – für klare Verhältnisse sorgend – nach dem ersten zarten Klingelton auf das Opfer stürzten, um unmissverständlich klar zu machen, dass ein solches Verhalten unhöflich und wenig konstruktiv und das Handy daher sofort auszuschalten sei! Also bleiben wir ruhig und warten ab.

## Akzeptieren

> Fünf Minuten später schellt das gleiche Handy, der Besitzer steht auf, zieht sich in eine Ecke des Raumes zurück und tut durch seine Mimik kund, dass es ihm auch unangenehm ist, dass er es aber nicht ändern kann und dass wir uns nicht stören lassen sollen.

Gut gemeint, denken wir schon etwas angesäuert. Wieder ist die eigene Konzentration und die Aufmerksamkeit des Publikums irritiert. Nichts Großes, aber eben doch eine Störung. Eine Störung, die nicht mehr nur im Außen wirkt. Wir fragen uns, warum wir uns eigentlich so viel Mühe machen, eine klare Struktur einzuhalten und Spannungsbögen aufzubauen, wenn wir dauernd unterbrochen werden. Außerdem stört es uns doch mehr als uns lieb ist, dass dieser Herr dort in der Ecke überhaupt so tut, als würde ohne ihn gar nichts laufen.

An diesem Punkt ist es wichtig, ehrlich zu sich selbst zu sein, d. h. wirklich auch zu akzeptieren, dass uns das Geschehen nicht unberührt lässt, sondern stört, ob wir wollen oder nicht. In diesem Fall hilft es nicht weiter, die Störung mit einem trotzigen „Phh! Macht mir doch nichts aus!", zu ignorieren. Die Gesprächssituation könnte dann zu einer Kraftprobe werden, die unsere Freiheit und unsere Überzeugungskraft erheblich einschränken würde. Wenn wir akzeptieren, dass wir gestört sind, stehen uns viele Handlungsmöglichkeiten zur Verfügung.

- Wenn der „Störer" zur Gruppe zurückkehrt, versuchen wir Blickkontakt aufzunehmen und ihm nonverbal zu signalisieren, dass wir diese Unterbrechungen nicht möchten. In vielen Fällen reicht das schon aus.

- Bei seiner Rückkehr in die Gruppe sprechen wir den „Störer“ selbst an, weisen ihn freundlich darauf hin, dass uns die Gespräche stören und bitten ihn, das Handy auszuschalten. Dabei ist es wichtig, dass wir ihn wirklich informieren und bitten und nicht etwa durch die Blume kritisieren wollen. Der Bitte wird das Gegenüber nur dann ohne Gesichtsverlust nachkommen können, wenn er sich nicht bewertet oder kritisiert fühlt.

  „Mich stören Telefonate während einer Rede immer sehr. Ich möchte Sie daher bitten, Ihr Handy auszuschalten!“

- Wir nehmen die entstandene Unterbrechung zum Anlass, um die Handyordung in der Gruppe zu klären und eine Regelung für diese Gesprächssituation zu finden.

  „In einer Viertelstunde machen wir eine Pause. Die können Sie gerne auch zum Telefonieren nutzen. Jetzt bitte ich Sie zu überprüfen, ob Ihre Handys wirklich ausgeschaltet sind, damit wir uns wieder ganz auf unser Thema konzentrieren können.“

- Wir sagen ganz klar, dass uns die Anrufe während unserer Rede stören, weil wir uns dann nicht mehr so gut auf unsere Aufgabe konzentrieren können. Dieser Weg macht uns unabhängig von der Handyordnung der Gruppe und davon, ob die anderen ZuhörerInnen die Anrufe ebenfalls als Störung erleben. Wer in diesem Fall Ich-Botschaften sendet, sagt klar, was er selbst benötigt, statt den GesprächspartnerInnen aufzuzeigen, was sie falsch machen.

  „Für mich ist das hier vorne eine ziemlich aufregende Sache. Die Anrufe und das Kommen und Gehen lenken mich sehr stark ab. Ich bitte Sie daher alle, Ihre Handys für die nächste Viertelstunde auszustellen. Herzlichen Dank.“

Je nach Art der Störung lässt sich die Liste der Reaktionsmöglichkeiten beliebig verlängern. Es kann viel Spaß machen, zum Beispiel im Team weitere Ideen zu sammeln. Denn hier ist Kreativität gefragt.

## Konfrontieren

> Und wieder meldet sich ein Handy. Und wieder steht jemand auf um kurz mitzuteilen, dass es gerade mit dem Telefonieren sehr schlecht ist, er aber gern kurz wissen möchte, um was es geht.

Nun wird es ernst. Denn selbst wenn es uns gelingt, innerlich recht gelassen zu bleiben, wird dieser dritte Anruf die Störung im Außen verstärken. Auch für die anderen ZuhörerInnen tritt die Störung immer deutlicher zutage. Sie werden auf ihre Art reagieren: die einen mit genervten Blicken und kritischen Kommentaren, die anderen mit einem ebenso genervten Nun-lasst-ihn-doch-Blick. Die Gruppendynamik kann in solchen Situationen recht schnell in Schwung kommen. Außerdem steht unweigerlich auch eine an uns gerichtete Prüfungsfrage im Raum: Wie wird die RednerIn nun reagieren? Wird sie sich das gefallen lassen? Ist sie souverän genug, um mit einer solchen Herausforderung umgehen zu können?

Jetzt müssen wir uns tatsächlich ganz auf die Entstörung konzentrieren. Wir können uns nun nicht mehr zurückhalten. Wir müssen unser Verantwortung als diejenige, die vorne steht, annehmen und die Situation lenken. Klarheit kann uns dabei den Rücken stärken. Unter Umständen müssen wir auch deutliche Grenzen zu setzen.

„Wir haben eine Verabredung getroffen. Ich bitte Sie eindringlich, sich daran zu halten."

„Die Anrufe während meiner Rede stören mich wirklich sehr. Ich bitte Sie an diesem Punkt um Rücksicht. Schalten Sie Ihr Handy jetzt aus."

GesprächspartnerInnen zu konfrontieren ist nicht leicht – weder für uns, da wir uns mit einer solchen Interaktion auch zeigen, noch für die Konfrontierten, da sie die Situation durchstehen müssen und natürlich Gesichtsverlust befürchten. Die Gefahr besteht, dass Trotz und Widerstand, Machtgebaren oder Rundumschläge beim Gegenüber ausgelöst werden. Für die Konfrontierten sind das ganz menschliche Reaktionen, für uns selbst können sie leider sehr unangenehm sein. Wir verringern diese Gefahren, indem wir unsere Konfrontation mit viel Einfühlungsvermögen dosieren und immer erst auf die Resonanz bei den Angesprochenen reagieren, bevor wir die Dosis steigern.

Die Bandbreite reicht von freundlich bis bestimmt. Wir können diese Nuancen über Blicke, Sprechtempo, Lautstärke, Gestik und auch durch Wortwahl gestalten. Dabei ist es gut, fest im Sattel zu sitzen, damit die Situation nicht uns gestaltet.

Wenn der innere Motor erst angesprungen ist, sitzen wir oft nicht mehr selbst am Regler. Dann werden wir wider besseren Wissens laut, obwohl wir damit die Situation nicht entstören, bauen uns kämpferisch auf, obwohl wir ahnen, dass das Gegenüber unsere Haltung als Einladung in den Ring verstehen könnte.

## Transformieren

> Als zum vierten Mal ein Telefon zu hören ist, reagieren die Zuhörenden fast stärker als wir selbst. Die Situation droht aus den Fugen zu geraten. Das eigentliche Thema ist schon lange nicht mehr im Vordergrund. Die Atmosphäre ist spannungsgeladen.

Die Haltung der Transformation kann auf allen Eskalationsstufen hilfreich sein. Wir sprechen die Störung nicht als Störung an, sondern lenken die Aufmerksamkeit vom störenden Geschehen zum eigentlichen Thema. Allerdings verlangt diese Haltung Klarheit und die Kraft, den Störungen, auch wenn sie uns im Inneren erreichen, keine Macht über uns und die Situation zu geben. Um die störende Energie immer wieder zu wandeln, ist viel Annahme und Kreativität nötig. Hier ist wieder die Kunst der Gesprächsführung gefragt.

Ausgehend von der Störung kann man eine Verbindung zum eigentlichen Thema herstellen. Im beschriebenen Beispiel könnten das folgende Anknüpfungspunkte sein:

- der Arbeitsalltag, der wenig störungsfreie Momente bietet
- dass sich nicht immer das umsetzen lässt, was man beschließt
- Toleranz
- Flexibilität

Wichtig ist es, eine solche Verbindung zu *wollen*. Mit zunehmender Erfahrung tun sich dann auch Wege auf.

> „Sie sehen, manches kann man noch so klar absprechen, es lässt sich im Alltag nicht immer umsetzen. Die Frage ist, ob wir flexibel an Dinge herangehen können, die wir so erst einmal nicht ändern können. Nehmen wir zum

> Beispiel unser Handyproblem hier während dieses Vortrags. Wir haben darauf hingewiesen und uns abgesprochen – und es ist uns bisher nicht gelungen, eine Lösung zu finden. Sind wir nun bereit, uns nach Alternativen umzuschauen? Können wir die Situation dadurch entschärfen, dass wir die Störung hinnehmen und uns, während jemand telefoniert, noch mehr auf den Vortrag konzentrieren? …"

Auch wer nicht auf die störenden Beziehungsbotschaften reagiert, sondern vor allem den sachlichen Gehalt einer Störung aufnimmt und weiterführt, transformiert die Störung. Wenn eine Mutter bei dem Versuch, ihre Forderungen zu stellen, aggressiv und beleidigend wird, haben wir die Wahl, auf die Beleidigung zu reagieren oder den Kern ihrer Forderung wohlwollend herauszufiltern. Damit würde der negativen Energie die Nahrung entzogen und dem konstruktiven Verlauf des Gespräches eine Chance gegeben.

Transformation verlangt eine große innere Bereitschaft, über sich selbst hinauszugehen, einen Schritt zur Seite zu tun und somit aus der aktuellen Befindlichkeit herauszutreten. Manchmal müssen wir bereit sein, eine Kröte zu schlucken und einer persönlichen Kränkung standzuhalten. Das darf jedoch in keinem Fall mit Opfer- oder Leidensbereitschaft verwechselt werden. Wir können eine Kröte schlucken. Aber wir sollten uns sicher sein, dass wir in der Lage sind, sie gut zu verdauen oder an geeigneter Stelle wieder auszuspucken. Können wir das (noch) nicht, ist es besser sich abzugrenzen.

## Abgrenzen

Gelingt es mit den bisher beschriebenen Haltungen nicht, die Situation zu klären, ist man meistens auch schon an seine Grenzen gekommen. Die Felle schwimmen uns davon und wir sind weit davon entfernt, die Situation zu lenken.

Jetzt kommt es darauf an, ob wir noch einmal unsere Kräfte mobilisieren können, um uns gegen den offenen Widerstand durchzusetzen. An diesem Punkt benötigen wir Abgrenzungssätze, die in der Sache unmissverständlich klar sind. Auf der Beziehungsebene setzen sie eine deutliche Grenze. Hier geht es nicht mehr um die Frage, mögliche StörerInnen als konzentrierte ZuhörerInnen zurückzugewinnen, sondern darum, die Situation für sich selbst und für die anderen Anwesenden zu entstören.

> „Ich möchte, dass Sie jetzt das Handy ausschalten oder den Raum verlassen, damit wir hier ungestört fortfahren können."

Wer sich in dieser Form abgrenzt, kann natürlich nicht erwarten, dass sich das Gegenüber freut oder dem Vorgehen zustimmt. Nun gilt es auszuhalten, wenn jemand mit bösen Kommentaren und heftigem Gepolter den Raum verlässt. In einer solchen Situation kann es ein kleiner Trost sein, dass das Publikum für das klare Vorgehen in der Regel dankbar ist. Denn auch die Zuhörenden fühlen sich zunehmend gestört und sind nun froh, dass jemand die Situation verantwortungsvoll klärt.

Ist diese Eskalationsstufe erreicht, kann es auch einmal geschehen, dass wir aufgeben müssen. Die störende Situation ist stärker als die vorhandenen Möglichkeiten. So unangenehm oder erschütternd eine solche Erfahrung auch sein mag, sie lässt sich nicht immer vermeiden. Man kann aber viel daraus lernen.

Souveränität bedeutet auch, Scheitern auszuhalten. Dann ist es sinnvoll, die Situation so gut es geht zu einem – vielleicht auch vorzeitigen – Schluss zu bringen und loyal zu sich selbst zu sein. Besser ist es jedoch, die Situation erst gar nicht so weit kommen zu lassen.

## 8.4 Gelassenheit steigern - eine Übung

Gelassenheit ist eine Grundvoraussetzung für den Umgang mit Störungen. Wer sich selbst annimmt und in seiner Kraft steht, kann in Freiheit handeln, fühlt sich nicht mehr als Opfer der jeweiligen GesprächspartnerInnen oder der Situation, sondern lenkt seine Schritte selbstbestimmt auf einen guten Weg. Gelassenheit ist verbunden mit der Fähigkeit, einen Schritt zur Seite zu tun und aus der aktuellen Befindlichkeit herauszutreten. So entwickelt sich ein Blick auf die Dinge, der sich durch liebevolle Distanz auszeichnet. Und darin liegt die Kraft zur Transformation. Folgende Übung kann dabei unterstützen:

> Ich halte in meinem Tun inne und schließe für einige Momente die Augen. Ich nehme mir Zeit, um mein Befinden wahrzunehmen. Ohne zu bewerten nehme ich auf, was sich mir zeigt.
>
> Was tue ich gerade?
>
> Wie atme ich?
>
> Welche Gefühle nehme ich in mir wahr?
>
> Welche Gedanken beschäftigen mich?

Wenn ich meine Befindlichkeit deutlich wahrnehme, trete ich rechts neben mich und betrachte mich von außen.

Was sehe ich aus dieser Perspektive?

Was fühle ich in Bezug auf das, was ich sehe?

Was sind meine Gedanken zu dem, was ich sehe?

Nach einiger Zeit trete ich von außen in Kontakt zu der Person, die ich betrachte.

Welchen unterstützenden Satz möchte ich diesem Menschen sagen?

Schließlich kehre ich zurück, nehme den Satz, den ich von außen für mein Inneres gefunden habe zu mir und lasse ihn wirken. Ich atme 2–3 Mal tief ein und aus und öffne die Augen.

Diese kleine Übung kann man überall ausprobieren. Wer im Ablauf der einzelnen Schritte eine gewisse Erfahrung hat, kann sie auch direkt in schwierigen Gesprächssituationen einsetzen und damit seine Gelassenheit erhöhen.

## 8.5 Klare Grenzen setzen – der Dreischritt des Wünschens und Forderns

Je klarer wir unsere Grenzen im Inneren wahrnehmen und nach außen vertreten, desto mehr klaren sich auch schwierige Gesprächssituationen auf. Klarheit entsteht aus Selbstbewusstsein und aus der Freiheit, die Dinge zu tun, die man für richtig hält. Zusätzlich können Kommunikationstechniken gute Dienste leisten.

Das Ziel dieser Technik ist es, klar und direkt zu formulieren, was wir vom Gegenüber erwarten. Sie vermeidet Formen von Manipulation und versucht, die Beziehungsebene zwischen den GesprächspartnerInnen nicht zu belasten.

Im ersten Schritt wird die Situation formuliert, aus der heraus der Wunsch oder die Forderung an das Gegenüber entstanden ist. Hier kommt es darauf an, die Situation so darzustellen, wie sie wirklich ist, ohne Interpretationen, Vorwürfe oder Bewertungen darin zu verstecken. Die Situation ist dann richtig beschrieben, wenn auch unsere GesprächspartnerInnen dazu nicken können.

> „Bisher haben schon mehrere Handys geklingelt."

Im zweiten Schritt geht es darum, die Auswirkungen der Situation auf uns selbst zu beschreiben. Hier ist es sehr wichtig, Ich-Botschaften zu senden und zu vermeiden, die GesprächspartnerInnen anzugreifen, indem wir ihnen die Schuld in die Schuhe schieben oder ihr Verhalten bewerten. Stimmige Ich-Botschaften entstehen leichter, wenn wir uns vor Augen halten, dass wir es sind, die mit der Situation nicht zufrieden sind.

> „Für mich ist das jedes Mal eine Unterbrechung. Meine Konzentration ist abgelenkt. Das macht es mir sehr schwer."

Nun kommt, wie in allen in diesem Buch vorgestellten Dreischritten, das Wesentliche. In einem kurzen, prägnanten Satz sollten nun die Bitte, der Wunsch oder die Forderung ganz konkret auf den Punkt gebracht werden, sodass die GesprächspartnerInnen genau wissen, was sie tun müssen, wenn sie dem Anliegen nachkommen wollen. Ziel ist nicht, die GesprächspartnerInnen so unter Druck zu setzen, dass sie sich nicht mehr trauen, sich anders zu verhalten. Das würde wahrscheinlich viel Widerstand provozieren und damit die Störung ausweiten.

> „Ich bitte Sie daher, die Handys für die Zeit unserer Besprechung auszuschalten."

Schematisch sieht dieser Dreischritt des Wünschens und Forderns folgendermaßen aus:

| | |
|---|---|
| Einstieg | Die Situation beschreiben |
| Ich-Botschaft | Das Eigene benennen, Gefühle ausdrücken |
| Forderung | Den Wunsch, die Forderung oder die Bitte konkretisieren |

Im Laufe eines Entstörungsprozesses kann es vorkommen, dass wir weitere Forderungen stellen wollen. Eine nächste Stufe könnte sich dann folgendermaßen anhören:

1. Schritt: „Wir haben vorhin vereinbart, die Handys auszuschalten."

2. Schritt: „Mich ärgert es, dass wir nach wie vor durch Handys unterbrochen werden."

3. Schritt: „Ich bitte Sie daher, sich an unsere Abmachung zu halten."

## 8.6 Sich selbst behaupten – die Platte mit Sprung

Es gibt Störungen, bei denen man so sehr an seine Grenzen kommt, dass man nicht mehr in der Lage ist, die Situation halbwegs konstruktiv zu lenken und dem Geschehen eine positive Wendung zu geben. Dennoch kann es wichtig sein, mit erhobenem Haupt aus der Situation heraus zu kommen. Hier geht es dann nicht mehr um Überzeugungskraft und konstruktives Miteinander, sondern um Selbstschutz, denn auch dafür tragen wir die Verantwortung.

Das Ziel von Selbstbehauptung ist es, einen Übergriff möglichst wirkungsvoll und mit geringstmöglichem Energieaufwand abzuwehren. Diese Technik beruht auf dem Prinzip, keinerlei Beziehung zur Störung aufzunehmen, d. h. keine Kommentare, keine Begründungen oder Rechtfertigungen, kein Bitten und Betteln, kein Nachgrübeln über die Beweggründe der GesprächspartnerInnen und auch keine Selbstkritik.

Während es bei dem hier vorgestellten Konzept erfolgreicher Überzeugungsarbeit bisher gerade auf eine lebendige Beziehung zu den GesprächspartnerInnen ankommt, wird im Selbstbehauptungsgeschehen genau auf dieser Ebene ein deutlicher Schnitt gemacht. Dazu müssen wir uns innerlich von den GesprächspartnerInnen unabhängig machen. Es muss uns egal sein, was sie über uns denken, wie sie uns sehen und ob sie mit unserem Vorgehen einverstanden sind.

Selbstbehauptungstechniken sind sehr starke Techniken. Außerhalb von Situationen, die uns Selbstbehauptung abverlangen, werden sie zu hoch manipulativen Machtmitteln und unterbinden jede konstruktive Kommunikation. Dabei können nur wir selbst entscheiden, ob wir die Kommunikationssituation noch konstruktiv gestalten können oder ob wir uns um unserer selbst willen behaupten wollen.

Das Prinzip der Technik beruht auf beharrlichem Wiederholen. Wie bei einer Platte mit Sprung wird immer nur ein Satz, der Abgrenzungssatz, wiederholt. Dabei müssen wir allen Versuchungen widerstehen, doch noch auf die Kommunikationsangebote des Gegenübers einzusteigen. Wir müssen lernen, auf stur zu schalten. Ein Tipp für erste Versuche: Ohren schließen und gar nicht mehr hören, was das Gegenüber sagt.

| A fordert | B, C oder D reagieren |
|---|---|
| Bitte schalten Sie Ihr Handy aus! | Wollen Sie mich sonst etwa rausschmeißen??? |
| Bitte schalten Sie Ihr Handy aus! | Ach was, es wird schon keiner mehr anrufen … |
| Bitte schalten Sie Ihr Handy aus! | Sagen Sie mal, sind Sie immer so schnell aus der Fassung zu bringen?! |
| Bitte schalten Sie Ihr Handy aus! | Ich denke nicht, dass ich mir das von Ihnen sagen lassen muss! |
| Bitte schalten Sie Ihr Handy aus! | (zu den übrigen ZuhörerInnen gewandt:) Sie fühlen Sie doch sicher nicht gestört?! |
| Bitte schalten Sie Ihr Handy aus! | |

Die Dynamik dieser Situation fordert besonders zu Beginn des Wortwechsels Standfestigkeit. Wenn es aber gelingt, wirklich keine Beziehung zum Gegenüber aufzunehmen, erlahmen die Abwehr- und Manipulationsversuche recht schnell. Die Wirkung der eigenen Beharrlichkeit kann man manchmal daran erkennen, dass sich das Gegenüber Verbündete unter den anderen ZuhörerInnen sucht. Wenn es von dort keine Unterstützung gibt, werden noch ein paar abwertende Kommentare folgen, als letzte Versuche, das Gesicht zu wahren.

Das Publikum spielt in diesem Geschehen alleine durch seine Anwesenheit eine große Rolle. Wenn das Anliegen nicht völlig überzogen ist, können wir auf die moralische Unterstützung durch die Zuhörenden zählen, auch wenn wir die Situation allein bewerkstelligen müssen. Der atmosphärische Druck auf den Störer wächst enorm. Die Zeit ist dabei auf unserer Seite. Und dann spüren wir deutlich, dass wir uns erfolgreich durchgesetzt haben.

In diesem Moment tun wir gut daran, keine Gefühle vom Triumph und Überlegenheit in uns aufkommen zu lassen oder gar zu zeigen. Wir würden unsere Machtposition, die uns nun zugewachsen ist, ohne Not missbrauchen. Seien wir vielmehr dankbar, dass es uns gelungen ist, aus einer sehr schwierigen Situation heil herauszukommen.

Eine wertschätzende und achtsame Haltung zum Kommunikationsgeschehen schließt ein wehrhaftes Verhalten in schwierigen Situationen nicht aus. Manchmal ist ein konstruktives Miteinander nur zu erzielen, indem man mit aller Macht Grenzen setzt. Mitmenschliches Kommunikationsverhalten ist nicht auf Kuschelkommunikation festgelegt. Die zuweilen notwendige Unnachgiebigkeit verliert ihre schneidende Kraft, wenn es uns gelingt, auch in harten Auseinandersetzungen die Achtung und Wertschätzung zum Gegenüber zu bewahren und in Beziehung zu bleiben.

# Ausblick

Dieses Buch hat gezeigt, wie erfolgreiche Überzeugungsarbeit gestaltet werden kann. Dabei ist deutlich geworden, dass dazu wesentlich mehr notwendig ist, als eine gut gefüllte Kiste mit rhetorischen Tricks und Techniken.

Überzeugungsarbeit ist Beziehungsarbeit und verlangt, aktiv in Beziehung zu sich selbst und zu den GesprächspartnerInnen zu treten. Auf dem Weg zu uns selbst stoßen wir vermutlich auf eine ganze Reihe von Hemmnissen und Ängsten, die unangenehm sind oder echte Probleme bereiten. Wir können aber auch ein großes Potenzial entdecken, das uns innewohnt und aus dem wir Lebendigkeit, Ausstrahlung und Überzeugungskraft schöpfen. Wenn wir auf diese Kräfte vertrauen, kann Kommunikation zu einem kreativen Ausdruck unseres Selbst und können unsere beruflichen Handlungsmöglichkeiten immens erweitert werden.

Dieses Buch hat überdies Wege aufgezeigt, das Selbstbewusstsein in einer Weise zu erweitern, die es uns erlaubt, anderen Menschen in Achtung und Gelassenheit zu begegnen. So können wir sehr viel dazu beitragen, dass sich das Verletzungs- und Gewaltpotenzial, dass zur Zeit in unserer Kommunikationskultur herrscht, reduziert. Wir können souverän in eine positive Konkurrenz zu anderen Gesprächssystemen eintreten und uns immer wieder dazu entscheiden, das Gemeinsame zu suchen statt das Trennende zu verstärken. So können wir der Menschlichkeit in unserem alltäglichen Sein wieder mehr Raum geben.

Wir benötigen dazu Selbstannahme, die Wertschätzung dessen, was uns umgibt und die Freude, mit anderen Menschen in Verbindung zu treten.

# Dank

Ich danke den vielen Menschen, mit denen ich in Seminaren, Workshops und Beratungen arbeiten konnte und die mich durch ihre Offenheit und Kreativität immer weiter gebracht haben auf dem Weg zu einer Kommunikation, die Freude macht.

Ich danke meiner Familie, meinen FreundInnen und KollegInnen, die es mir auf unterschiedliche Weise ermöglicht haben, dieses Buch zu schreiben.

Und ich danke meiner Lehrerin Ursa Paul für ihre Liebe.

# Literatur

Berckhan, Barbara (1997): Die etwas gelassenere Art, sich durchzusetzen. Ein Selbstbehauptungstraining für Frauen. Kösel-Verlag: München

Dies.; Krause, Carola; Röder, Ulrike (1993): Schreck lass nach! Was Frauen gegen Redeangst und Lampenfieber tun können. Kösel-Verlag: München

Burow, Olaf-Axel (1999): Die Individualisierungsfalle: Kreativität gibt es nur im Plural. Klett-Cotta: Stuttgart

Cameron, Julia (1996): Der Weg des Künstlers. Ein spiritueller Pfad zur Aktivierung unserer Kreativität. Knaur: München

Ende, Michael; Michl, Reinhard (1987): Norbert Nackendick. K. Thienemanns Verlag: Stuttgart und Wien

Gawain, Shakti (1993): Stell dir vor: kreativ visualisieren. Rowohlt: Reinbek

Moost, Nele; Rudolph, Annet: (1996): Alles meins! oder 10 Tricks, wie man alles kriegen kann. Esslinger Verlag: Esslingen, Wien

Paul, Ursa (1992): Ohne Liebe gibt es keine Heilung. Migro Verlag: Felsberg

Dies. (1994): Das Wunder Leben: eine Wegbereitung. Migro Verlag: Felsberg

Dies. (2001): Gedanken 2002, Heilhaus – Zentrum für Lebensenergie, Kassel

Pusch, Luise F. (1984) Das Deutsche als Männersprache. Aufsätze und Glossen zur feministischen Linguistik. Suhrkamp – Verlag: Frankfurt/Main

Schlüter-Kiske, Barbara (1987): Rhetorik für Frauen. Wir sprechen für uns. Wirtschaftsverlag Langen-Müller Herbig: München

Schulz von Thun, Friedemann (1981): Miteinander reden 1: Störungen und Klärungen. Rowohlt: Reinbek

Ders. (1989): Miteinander reden 2: Stile, Werte und Persönlichkeitsentwicklung. Rowohlt: Reinbek

Ders. (1998): Miteinander reden 3: Kommunikation Person Situation. Rowohlt: Reinbek

Spender, Dale (1985): Frauen kommen nicht vor: Sexismus im Bildungswesen. Fischer: Frankfurt/Main

Sprenger, Reinhard K. (1995): Das Prinzip Selbstverantwortung. Wege zur Motivation. Campus Verlag: Frankfurt/Main

Tannen, Deborah (1991): Du kannst mich einfach nicht verstehen: warum Männer und Frauen aneinander vorbeireden. Ernst Kabel Verlag: Hamburg

Thoman, Christoph; Schulz von Thun, Friedemann (1988): Klärungshilfe. Handbuch für Therapeuten, Gesprächshelfer und Moderatoren in schwierigen Gesprächen. Rowohlt: Reinbek

Tillner, Christiane; Franck, Norbert (1990): selbst sicher reden. Ein Leidfaden für Frauen. Mosaik Verlag: München

Trömel-Plötz, Senta (Hrsg.) (1984) Gewalt durch Sprache: die Vergewaltigung von Frauen in Gesprächen. Fischer: Frankfurt/Main

Watzlawick, Paul (1983): Anleitung zum Unglücklichsein. Piper: München

Kontaktadresse:
Informationen zu aktuellen Seminarangeboten mit Sabine Falk erhalten Sie über dialog@sabinefalk.de